Lesefutter

Robb White

Flucht
durch die Wüste

**Der spannende Bericht
eines beispiellosen Abenteuers
in der Felsenwüste**

**Franckh'sche Verlagshandlung
Stuttgart**

Aus dem Amerikanischen übertragen von Alexa Wienand
Die erste Auflage dieses Buches erschien 1974 unter dem Titel »Tod in der Wüste«
Titel der amerikanischen Ausgabe: »Deathwatch«, 1972, Doubleday & Company, Inc., New York
© 1972 Robb White

Umschlag von Atelier Höllerer, Stuttgart

CIP – Kurztitelaufnahme der Deutschen Bibliothek
White, Robb:
Flucht durch die Wüste : d. spannende Bericht e.
beispiellosen Abenteuers in d. Felsenwüste/
Robb White. [Aus d. Amerikan übertr. von Alexa
Wienand]. – 2. Aufl., 7.–14. Tsd. – Stuttgart :
Franckh, 1982.
(Lesefutter)
Einheitssacht.: Deathwatch ‹dt.›
1. Aufl. u. d. T.: White, Robb: Tod in der Wüste
ISBN 3-440-05096-3

2. Auflage/7.–14. Tausend
Franckh'sche Verlagshandlung, W. Keller & Co., Stuttgart/1982
Alle Rechte an der deutschsprachigen Ausgabe, insbesondere das Recht der Vervielfältigung und Verbreitung, vorbehalten. Kein Teil des Werkes darf in irgendeiner Form (durch Fotokopie, Mikrofilm oder ein anderes Verfahren) ohne schriftliche Genehmigung des Verlages reproduziert oder unter Verwendung elektronischer Systeme verarbeitet, vervielfältigt oder verbreitet werden.
Für die deutschsprachige Ausgabe:
© 1974, 1982 Franckh'sche Verlagshandlung, W. Keller & Co., Stuttgart
ISBN 3-440-05096-3/ L9eg Hcs
Printed in Czechoslovakia / Imprimé en Tchécoslovaquie
Gesamtherstellung durch Artia, Prag

1

„Da ist er!" flüsterte Madec. „Keine Bewegung!" Oben auf dem Berggrat hatte sich etwas gerührt, war flüchtig zwischen zwei Felsvorsprüngen aufgetaucht. „Ich habe keine Hörner gesehen", wandte Ben ein. „Still!" zischte Madec heftig.
Ben duckte sich hinter einen Felsblock und sah zu, wie dieser Mann sich auf dem Bauch mit gespreizten Beinen in Position rückte und das schwere Jagdgewehr auf einem kleinen flachen Stein ablegte. Langsam senkte Madec die Wange gegen den Schaft, und seine Finger krochen bis zum Abzug. Dann blieb er reglos liegen und blickte durch das lange, sich vorn verdickende Zielfernrohr. Noch nie hatte Ben erlebt, daß sich Dickhornschafe so verhielten. Sie hatten fünf Tiere oben auf dem Felsgrat erspäht, doch etwas hatte sie aufgeschreckt, und sie waren geflohen. Inzwischen müßten sie — immer noch auf der Flucht — mindestens eine halbe Meile weiter sein.
„Warten Sie lieber, bis Sie ein paar Hörner sehen", flüsterte Ben. Ohne die Wange vom Schaft zu heben, versicherte Madec: „Ich habe Hörner gesehen."
„Ich nicht."
„Du hast nicht richtig hingeschaut."
„Doch. Bestimmt."
„Aber nicht durch ein Fernrohr mit zehnfacher Vergrößerungskraft."
Ben blieb in seiner Hockstellung, legte sein Gewicht in den Gewehrriemen seiner leichten 22er Hornet. Die Entfernung betrug mindestens zweihundertsiebzig Meter, aber dieser Madec war ein rücksichtsloser Schütze. Auf ihrem Weg in diese Wüste hatte Madec auf alles gefeuert, was sich bewegte und auch auf einiges, was sich nicht bewegte, wie die giftige Krustenechse, die friedlich im

Schatten lag und schlief. Und Madec traf immer. Das Gewehr war eine prachtvoll gebaute .358er Magnum Mauser auf einem Winchester 70'Schaft — stark genug, einen Elefanten niederzustrecken oder eine schlafende Krustenechse in einen Spritzer zu verwandeln. Ein von dieser Waffe getroffenes Dickhorn würde auf der Stelle zusammenbrechen. Was immer da oben gewesen war — Ben hoffte, es würde sich nicht noch einmal zeigen.
Madec kauerte über dem Gewehr. In seinen Augen war ein gespanntes Leuchten—mehr als einfaches Jagdfieber auf der Fährte eines Schafs. Dieser Blick verriet Mordlust.
Es gab nur noch wenige Dickhornschafe auf der Welt, und Ben konnte nicht begreifen, warum jemand unbedingt eins davon töten wollte. Und dennoch hatte dieser Madec während der letzten drei Tage nichts anderes im Kopf gehabt: Ein Dickhorn zu erlegen und sich die Trophäe dann an die Wand seines Büros in Los Angeles zu hängen. „Ben, mein junger Freund, du bist nicht der Typ, der Verständnis für die Großwildjagd aufbringt", hatte ihm Madec an ihrem ersten Abend in der Wüste erklärt. Im Feuerschein hatte Ben Madecs Gesicht betrachtet. Die Haut schien kalt, sogar in der warmen, sanften Flammenglut.
„Ich verstehe nur eine Art von Jagd", hatte Ben erwidert, „wenn es der einzige Weg ist, an etwas Eßbares zu kommen. Und da wir keinen Lagerproviant brauchen, finde ich das Abknallen eines Dickhorns nicht gerade eine Heldentat."
Das hatte Madec erst richtig in Fahrt gebracht. „Vielleicht ist das neu für dich, doch die Chancen, eine Abschußgenehmigung für ein Dickhorn zu erhalten, stehen eins zu einer Million! Seit Jahren warte ich schon und hoffe, daß mein Name unter den Tausenden von Bewerbern ausgelost wird. Wenn man dann in diese Wüste hinauszieht, um eins der schlausten, wachsamsten Tiere der Welt anzupirschen, es dann in seinem ureigenen Revier stellt, es überlistet — das ist wirklich eine Leistung! Aber das wirst du nie verstehen."
Der Mann war Ben von Anfang an auf die Nerven gegangen, und jetzt bereute er es, daß er eingewilligt hatte, mit ihm hier rauszu-

fahren. Obwohl er das Geld, das ihm Madec zahlen würde, gut brauchen konnte: Das bedeutete für ihn ein Semester auf dem College, vielleicht sogar zwei.
„Wir können noch heute abend in die Stadt zurückfahren", hatte ihm Ben vorgeschlagen, „und Sie können sich einen Führer nehmen, der so denkt wie Sie."
„Einen von den hiesigen, schießwütigen Hinterwäldlern? Nein, danke!" hatte Madec erwidert. „Ich brauche nur jemanden, der mir zeigt, wo es Dickhornschafe gibt. Und in der Stadt sagte man mir, daß du über ihr Weidegebiet so gut Bescheid weißt, wie nur irgend jemand."
„Wenn das hier der große Wettkampf zwischen Ihnen und einem Schaf sein soll, fühlen Sie sich dabei allein nicht viel wohler?" hatte Ben gefragt.
„Hör mal, meine Genehmigung, ein Dickhorn abzuschießen, gilt nur sieben Tage lang. Möglich, daß ich alle sieben damit vergeude, hier umherzustreifen, ohne auch nur auf ein einziges zu stoßen. Du kennst ihr Revier, und ich bezahle dich, mich dorthin zu führen. Alles andere danach spielt sich nur zwischen ihnen und mir ab, und ich brauche keinen Wüstenexperten, der mir vorschreibt, was ich tun soll."
Ben betrachtete Madec, der dort bäuchlings auf dem Boden hingestreckt lag. Drei Tage und zwei Nächte hatte Ben mit diesem Mann in der Wüste zugebracht, und nur ein einziges Mal hatte er gelacht — bei einer Geschichte über seine eigene Pfiffigkeit. Madecs eigenen Worten nach war ihm noch nie ein Geschäft geplatzt, und bei jedem dieser ‚Geschäfte' wurde irgend jemandem übel mitgespielt. Es genügte Madec nicht, einen Mann übers Ohr zu hauen, ihn auszutricksen, nein, der Kerl mußte es richtig zu spüren bekommen.
Wann immer Ben Madec zuhörte, war er froh, nicht in derselben Welt wie dieser Mann zu leben. In Bens Heimatstadt am Wüstenrand gab es für einen Mann wie Madec keine Geschäfte zu machen, nichts zu gewinnen. Und auch, wenn ich erst als Geologe für eine große Ölgesellschaft arbeite, dachte Ben, werde ich immer

noch nicht in derselben Welt wie Männer von Madecs Schlag leben.

Ben sah zurück auf seinen Jeep, der dort, weit unter ihnen in der flachen Wüste parkte. Durch die Hitze rings um ihn wirkten seine Umrisse unscharf und flimmernd, wie bei einer Unterwasseraufnahme.

Noch vier Tage in der Gesellschaft dieses Mannes. Aber jeder Tag brachte Geld.

Ben entspannte sich und lauschte in die Stille. Die Hitze schien jeden Laut erstickt zu haben. Es war, als ob er unter einer riesigen Glocke von Schweigen lag, als ob zwischen den purpurroten Bergen, neunzig Kilometer nach Osten, und den braunen Bergen, sechzig Kilometer weiter im Westen, jedes Geräusch von der intensiven, reglosen Hitze zum Schweigen gebracht worden sei. Sogar ein Flugzeug von der nahen Militärbasis bewegte sich völlig lautlos und hinterließ — selbst unsichtbar — nichts weiter als zwei dünne weiße Streifen quer über dem blauen, sengenden Himmel.

Das Krachen des Schusses war überwältigend. Es schien den Boden unter ihnen zu sprengen, die blaue Himmelskuppel zu zersplittern und die Berge weiter zurückzuwälzen. Der Knall dröhnte und hallte wider, zerriß jäh die Stille und schien Kilometer um Kilometer endlos weiterzurollen.

Dann, genau so plötzlich, herrschte wieder Totenstille. Nach dem betäubenden Knall kam Madecs Stimme dünn und tonlos. „Na, den habe ich wohl erwischt", sagte er, nicht einmal sonderlich interessiert. Immer noch lang ausgestreckt, hantierte er am Gewehrschloß. Die leere Messinghülse fiel heraus und purzelte kopfüber nach unten, wo sie klimpernd zwischen den Steinen vor Bens Füßen liegenblieb. Er bückte sich, hob sie auf und warf sie von einer Hand in die andere, denn sie war immer noch ganz heiß von der Explosion und der Wüstenhitze.

Madec stand langsam auf und nahm das Gewehr am Riemen hoch. Er holte die Schutzkappen für die Linsen aus der Tasche und stülpte sie sorgfältig über die Fernrohrobjektive. „Dein Onkel hat mir erzählt, daß du dir das Geld fürs College verdienst", sagte

er dabei. „Stimmt." Ben war erstaunt, warum Madec auf einmal plaudern wollte.
Madec kippte den Patronenrahmen aus der Waffe und legte gemächlich eine neue Patrone ein. „Willst du ein Geschäft mit mir machen, Ben?" fragte er. Ben beobachtete, wie er den Patronenrahmen wieder hineinrammte und mit der flachen Hand dagegen schlug. Madec sah hoch. „Na, also?"
„Was für 'ne Art Geschäft?"
„Geld", sagte Madec.
„Für dein College. Verstehst du, Ben, dies ist meine einzige Chance, ein Dickhorn zu jagen. Nie wieder wird mein Name aus der Trommel da gezogen, nie im Leben. Deshalb möchte ich natürlich ein prächtiges Exemplar haben, einen Bock mit einem kapitalen Geweih, auf das ich stolz sein kann." „Sie sagten doch, Sie hätten Hörner gesehen." „Richtig. Aber nicht lange genug, um festzustellen, ob ein Ende abgebrochen, oder die ganzen Hörner vom Kämpfen angesplittert sind. Das kann man immer erst sagen, wenn man sie gründlich untersucht hat, weißt du."
„Um was geht's also bei diesem Geschäft?"
„Eigentlich betrifft es dich nicht mal", erklärte Madec. „Aber ich opfere eine ganze Woche und habe eine Menge Ausgaben, um an ein prächtiges Stück zu kommen. Mehr will ich nicht. Also sehn wir uns mal an, was ich da erlegt habe. Und wenn es kein gutes Stück ist..." Madec sah ihn an und grinste auf einmal.
Ben mußte an die Dickhornschafe denken. Meistens bemerkte er sie, wenn die Sonne schon niedrig stand, wenn sich das harte Blau des Himmels zu breiten pastellfarbenen Streifen auflöste und die Berge sich purpurn färbten. Dann pflegten sie dort oben auf den Felsgraten zu stehen und wirkten dabei vermutlich sehr viel größer, als sie in Wirklichkeit waren. So wie sich dann da oben ihre mächtigen Silhouetten gegen den Himmel abhoben, schienen sie mit ihren hochgereckten, gebogenen Riesenhörnern die ganze Wüste zu beherrschen. Jetzt ahnte er irgendwie, daß das Schaf, das Madec und er oben auf dem Felsgrat, von einer .358er Magnum durchbohrt fänden, nur noch klein, verloren erscheinen

würde, jämmerlich. Nichts weiter, als ein blutiges Etwas zwischen den heißen Steinen, den Hals unglücklich verrenkt von dem schweren Geweih. „Wenn es dann nicht das Exemplar ist, wie Sie es sich wünschen, soll ich nichts melden, und wir jagen einfach noch vier Tage lang weiter. Geht es darum?" fragte Ben.
„Es ist ohnehin nicht deine Sache, irgend etwas zu melden, oder? Schließlich jage ich hier, nicht?" „Stimmt. Aber ich will nichts damit zu tun haben, wenn Sie in der Wüste hier jedes Dickhorn abknallen wollen, bis Sie ihr Prachtstück erwischen."
Madec lachte. „Ben, du weißt doch genau so gut wie ich, daß ich vermutlich nicht einmal noch eins vors Visier bekomme. Also spiel nicht Pfadfinder. Wenn das da kein anständiges Exemplar ist, wie wär's damit — sagen wir gegen doppelte Bezahlung und einer Extrazulage von hundert Dollar – wenn wir weiterjagten? Finden wir nichts, kommen wir einfach zurück und nehmen dieses mit. Und die Extrazulage erhältst du trotzdem. Einverstanden?"
Ben fiel ein, was Madec über seine Art, Geschäfte zu machen, erzählt hatte. Irgend jemand wurde immer dabei übervorteilt – und hatte den Schaden.
Aber es gab Berge, die die Dickhörner mieden. Berge, die diesen hier aufs Haar glichen. Madec konnte auf den Weidegebieten dort den Rest seines Lebens nach Dickhornschafen suchen, ohne jemals eins zu finden.
„Okay", sagte Ben.
„Schließlich verlange ich nichts Ungesetzliches von dir, Ben. Ich zahle dir einfach ein nettes Sümmchen, damit du mich 'rumkutschierst. Dagegen ist doch nichts einzuwenden." „Nicht das mindeste", stimmte Ben zu.
„Dann also abgemacht." Madec hängte sich das Gewehr um. Ben beobachtete, wie er den Felsgrat hinaufstieg. In der Stille ringsumher machten seine Schritte auf den Steinen eine Menge Lärm. Ben war sich jetzt darüber im klaren, daß, egal was oben auf dem Berggrat liegen mochte, es für Madec nicht gut genug sein würde. Auch der größte Bock in der Gegend würde ihm nicht genügen.

Ben sah sich um und prägte sich bestimmte auffällige Landschaftsmerkmale ein, um die Stelle hier wiederzufinden. Soweit es ihn anging, war dies das letzte Dickhorn gewesen, das Madec zu Gesicht bekommen hatte. Es würde bei dem — was auch immer er dort oben niedergestreckt hatte — bleiben.
Madec war schon ein gutes Stück voraus, als Ben sich anschickte, hinter ihm herzuklettern. Dabei prallte die Hitze auf ihn nieder, als ob sie ihr eigenes bleiernes Gewicht hätte.
In dem Augenblick, als er an ein kleines Schieferfeld gelangte, dessen flache Steine unter seinen Stiefeln wegglitten, hatte Madec die Gratspitze erreicht und war hinter einem klobigen Felsen verschwunden. Nur noch der Lauf der .358er war zu sehen, der sich, wie von allein, weiterbewegte.
In einem Spalt der Felswand entdeckte Ben einen blaßbraunen Fleck und er mußte zugeben, als er hinunter auf ihren früheren Standort blickte, daß Madec einen guten Schuß getan hatte.
Es überraschte ihn nicht, als Madec so überstürzt zurückeilte, daß er fast stolperte. Ben wartete auf ihn, voller Neugierde, was er wohl von dem erlegten Dickhorn sagen würde. Daß das Geweih nicht groß genug war? Die Hörner angesplittert?
Okay, dachte Ben, noch vier Tage muß ich dich ertragen, aber das war das letzte Dickhorn, das du gesehen hast. „Ob du's glaubst oder nicht, ich hab' danebengetroffen." Madec blieb nicht einmal stehen, als er bergab hastete. „Ich dachte, ich hätte ihn totsicher. Aber ich hab' ihn verfehlt."
Ben musterte den Mann verächtlich. Wahrscheinlich hatte er ein Mutterschaf oder einen jungen Bock noch ganz ohne Gehörn erwischt und wollte das jetzt nicht zugeben. „Sie haben ihn nicht verfehlt", sagte er. „Er liegt dort oben in der Felsspalte."
„Nein", warf Madec über die Schulter zurück und rannte weiter nach unten. „Zuerst hab' ich das auch für ein Schaf gehalten, aber es ist nur ein Stück Fels. Es war ein Fehlschuß. Wahrscheinlich hab' ich beim Anstieg das Fernrohr zu sehr erschüttert, oder aber die Hitze hat ihm zugesetzt, denn normalerweise verfehle ich einen solchen Schuß nicht. Versuchen wir das Rudel wieder zu

stellen." Endlich machte Madec halt und drehte sich um. „Unsere Abmachung gilt noch — wenn dich das beunruhigt."
„Das beunruhigt mich am wenigsten", meinte Ben. „Na, dann los! Wenn wir um dieses Bergmassiv vor Sonnenuntergang herumkommen, erwischen wir sie vielleicht wieder."
Ben hob den Kopf, starrte auf das, was er für ein totes Schaf gehalten hatte. Was ging es ihn an, daß Madec ein Lügner war?
„Ich bezahle dich nicht fürs Rumstehen!" schnappte Madec. „Sondern dafür, Jagd auf Dickhörner zu machen. Also rühr dich!"
„Interessant finde ich nur, daß Steine im allgemeinen nicht bluten", erklärte Ben ruhig und deutete mit dem Daumen auf das fahle Gestein der Felswand. Aus dem unteren Ende des V-förmigen Felsspalts her sickerte langsam Blut herab; im grellen Sonnenlicht schien das Rinnsal tiefrot, und die Hitze ließ es auf dem Felsen gerinnen.
Mit gesenktem Kopf stieg Madec langsam wieder hoch zu Ben. Dann hob er den Blick und grinste. „Eine Lüge, Ben. Es war kein Fehlschuß. Du erinnerst dich doch, wie du mir vorhieltest, auf die Hörner zu achten, und ich versicherte, welche gesehen zu haben. Das war auch gelogen. Ich habe ein kleines Weibchen getroffen. Ich wollte dir das verschweigen, weil ich Angst hatte, du würdest dann die Jagd abblasen. Du verstehst mich doch, Ben?"
Ben zuckte die Schultern. „Na gut, ich werde es vergraben."
„Wozu die Umstände?"
„Weil der Jagdaufseher es von seinem Hubschrauber aus entdecken und dann wissen wird, wer es erschossen hat — das ist ein Grund. Wollen Sie noch mehr hören?"
„Aus der Luft ist es nicht zu sehen. Ich habe es selbst nur mit Mühe gefunden. Ich stand direkt über dem Schaf, ehe ich es überhaupt sah."
„Sie sind kein Jagdaufseher", meinte Ben und kletterte weiter nach oben.
„Ben!"
Ben blieb nicht stehen.

„Ben!" rief Madec erneut.
Ben warf einen flüchtigen Blick zurück.
„Das wird uns den Rest des Tages kosten", wandte Madec ein. „Lieber riskiere ich eine Auseinandersetzung mit dem Jagdaufseher, als einen ganzen Tag zu verlieren, nur um ein totes Schaf zu vergraben. Komm, Kamerad, ziehen wir los."
Das Dumme ist, daß Madec immer recht hat, dachte Ben. Es hatte tatsächlich wenig Sinn, den schweren Kadaver den Berg herunterzuschleifen, um ihn dann unten im Sand zu vergraben. Bis zum nächsten Morgengrauen würden sich die Aasgeier darüber hergemacht haben, dann, bei Einbruch der Nacht würden die Coyoten kommen, und bald würde es nur noch ein paar verstreute Gebeine geben, die die Nager ebenfalls mit der Zeit vernichten würden.
Und was geht es mich an, überlegte Ben, wenn sich die Jagd- und Fischereibehörde diesen Kerl gründlich vorknöpft?
Er warf noch einen Blick nach oben auf das Blutrinnsal, das jetzt am Felsen festgetrocknet war.
Inzwischen war er näher heran an den V-förmig gespaltenen Fels in der Klippe gekommen — sein Blickwinkel hatte sich geändert, so daß er weiter in die Gesteinsspalte hineinsehen konnte.
Ein weißhaariger Alter starrte ihm aus verwaschenen milchigblauen, weitaufgerissenen Augen entgegen. Aus seinem ebenfalls offenen Mund sickerte eine dünne Blutspur — erst über seine Wange und tropfte dann auf den Stein.

2

Das .358er Geschoß hatte grausame Verwüstung angerichtet. Der Mann war alt und mußte schon seit langem in der Wüste gelebt haben, denn sein Nacken war braungebrannt, die Haut zäh wie altes, gegerbtes Leder. Der mit Schweißflecken übersäte Filzhut war halb runtergerutscht, so daß Ben das spärlich weiße, ungewaschene Haar sehen konnte und die blasse Kopfhaut, die in einer scharfen Linie dort endete, wo der kupferbraune Hals anfing. Er trug ein braunes Wollhemd mit langen, an den Handgelenken geknöpften Ärmeln und eine Drillichhose, die so verwaschen wie die Farbe seiner Augen war. Die eine Hand umklammerte noch den Griff des Metall-Suchgeräts, das er mit der glänzenden runden Pfanne vor sich hingestreckt hielt.
Ben kniete sich hin und drehte ihn behutsam auf den Rücken. Der Hut fiel jetzt völlig herunter, und die Sonne prallte mitleidslos in die offenstehenden Augen und auf die aschfahlen Wangen. Er besaß nur noch wenige Zähne, lange, gelbliche, abgenutzte Eckzähne. Die eine Schlaufe der Hosenträger, die seine Hose hochhielten, war weggeschossen.
Die Kleider hingen um den Toten in losen Falten herunter. Ben hatte den Mann noch nie zuvor gesehen. Das verwunderte ihn etwas, denn er kannte die meisten alten Goldsucher, die immer noch durch diese abgelegenen Berge streiften, wenn auch inzwischen ohne Hoffnung auf einen Fund, aber einfach glücklicher in der Wüste hier als unter Menschen.
„Bestimmt glaubst du mir nicht", begann Madec, der hinter ihm auf den Mann heruntersarrte. „Aber ich warf nur einen flüchtigen Blick hin, stellte fest, daß keine Hörner da waren und habe nicht genauer hingesehen. Ich nahm einfach an, ich hätte ein Mutterschaf erlegt." „Leider nicht." Ben deckte dem Alten den Hut über das Gesicht.

„Kennst du ihn?"
„Nein." Ben stand auf.
Ohne Madec anzusehen, griff er nach der Hornet. „Ich will den Jeep von unten so weit es geht hochfahren. Dann bringe ich die Zeltbahn — wir können sie zwischen die Gewehre spannen und ihn damit runterschaffen."
„Warum läßt du dein Gewehr nicht hier?" Madec streckte die Hand nach der Hornet aus. „Das brauchst du doch nicht."
Ben reichte es ihm und stieg den kurzen Felshang hinunter und dann weiter bergab über das Schieferfeld.
Er versuchte überhaupt nicht an Madec zu denken, als er den weiten Bergabhang hinabging und nach einem Pfad für den Jeep Ausschau hielt. Statt dessen stellte er in Gedanken zusammen, was sie brauchen würden — die Zeltbahn, ein wenig Schnur, eine Decke, um die Leiche darin einzuwickeln. Einen Augenblick überlegte er allerdings, warum sie eine Decke mit Blutflecken ruinieren sollten, entschied sich dann aber doch dafür.
Es würde später als Mitternacht werden, bevor sie die Leiche zum Jeep transportiert und die Wüste hinter sich gelassen haben würden. An wen sollte er sich zuerst wenden? grübelte Ben. Den Sheriff? Die Autobahn-Streife? Den Friedensrichter? Vielleicht kannte sich Madec aus. Armer alter Mann. Mutterseelenallein da draußen, einsam in der meilenweiten, leeren Wüste. Immer auf der Suche; Stunde um Stunde hatte er wohl, ein wenig vornübergebeugt, das Suchgerät dicht am Boden vor sich hergeführt und auf den Surrton gelauscht, der ihm einen Gold- oder Silberfund verraten haben würde. Doch nie hatte er dieses Surren gehört und wohl eigentlich auch nicht mehr damit gerechnet. Nur noch mit sich allein wollte er da draußen sein.
Der Jeep war heiß und ließ sich schwer starten. Als er ihn schließlich angelassen hatte, steuerte er ihn zurück in Richtung des Bergabhangs. Er konnte von Madec keine Spur sehen, nur die weiße Klippe, deren V-förmiger Spalt jetzt dunkle Schatten warf. Es war schon eine merkwürdige Sache mit diesen alten Goldsuchern. Sie kannten nur ein Dasein — die Wüste. Nie erzählten sie, woher sie

gekommen waren, bevor sie in einem der Wüstenorte auftauchten. Kein Wort über ihre Kindheit, über ihre eigenen Kinder, Ehefrauen oder Eltern. Wenn sie je als Kind Spiele gespielt hatten, in die Schule gegangen waren oder einen Menschen geliebt hatten — von ihnen erfuhr man nichts darüber. Ihr einziges Leben bestand aus ihrem letzten Trip in die Wüste und dem neuen, den sie gerade wieder vorbereiteten.
Und jeder von ihnen hatte seine Goldmine gefunden – ein einziges Mal. Pures Gold, das offen vor ihnen auf dem Boden glänzte! Sie hatten die Fundstelle genau markiert, ihr Schürfrecht abgesteckt und sich jedes Orientierungsmerkmal der Gegend genau eingeprägt — Berge oder Kiefern, die dort schon seit Jahrtausenden wuchsen. Ja, sie hatten ihr Gold so gut gekennzeichnet, die Lage so haargenau bestimmt, daß sie es im Finstern wiederfinden würden.
Nur, daß sie — wenn sie dann tatsächlich mit neuer geliehener Ausrüstung und Verpflegung zurückkamen, die Stelle nie wiederfinden konnten; und dort, wo sie es gesehen hatten, kein Gold lag, sondern nur Sand und Steine.
Alte Männer nur mit einem Vornamen: Sam, Hardrock, Walt, Zeke. Kein Familienname, keine Anschrift außer Death Valley, Mohave oder Sonora — irgendeine beliebige Wüste. Keine Verwandten.
Ben brauchte eine halbe Stunde, bis er den Jeep so hoch wie möglich bergan gequält hatte, denn er wollte die Last in der Nachmittagshitze nicht weiter als nötig tragen müssen. Doch als der Hang so steil wurde, daß sich der Jeep zu überschlagen drohte, wendete er und fuhr ihn den Hang hinunter zurück. Dann packte er die Sachen zusammen und machte sich zu Fuß auf den Weg.
Er war halb oben, ohne ein Zeichen von Madec, als er den Schuß hörte.
Rein instinktiv duckte er sich hinter einem Felsbrocken. Dann schämte er sich. Er konnte zwar nicht wissen, auf was Madec jetzt schon wieder schoß, bestimmt aber nicht auf ihn.
Wieder krachte ein Schuß, aber Ben hörte nur kurz hin und

kletterte weiter. Das war nicht das Dröhnen der .358er, sondern die Hornet mit ihrem scharfen, peitschenden Knall.
Idiot, dachte Ben. Seine eine Schulter schwitzte unter der zusammengefalteten Nylon-Zeltbahn, die andere unter der Seilrolle und der Wolldecke. Madec hockte an einer der wenigen schattigen Stellen auf dem Boden. Er betrachtete die Hornet, die auf seinen Knien lag, als Ben die flache Kuppe erreichte und auf ihn zuging.
„Auf was schießen Sie jetzt schon wieder?"
„Nette kleine Waffe", meinte Madec und hielt die Hornet hoch. „Hab' noch nie eine abgefeuert. Erstklassige Flugbahn. Wie hoch ist die Mündungsgeschwindigkeit?"
Er hatte den Toten weggezogen, ihn halb aufrecht gegen einen Felsbrocken gelehnt. Der zerschmetterte Körper war halb zurück gegen den Stein gesackt und der Kopf auf die Brust gesenkt.
„Sie reicht aus", versetzte Ben, ließ die Zeltbahn fallen und schlug sie auseinander. „Wir können daraus eine Tragbahre machen."
Madec rührte sich nicht. „Kaum zu glauben, daß ein Mann in unserem Zeitalter ohne irgendwelche persönlichen Papiere rumlaufen kann. Kein Führerschein, keine Ausweise." Er lachte. „Nicht mal 'ne Scheckkarte. Nichts, womit man ihn identifizieren könnte. Außerdem hat er keinen Cent bei sich."
Ben faltete die Zeltbahnenden so, daß sie sich in der Mitte trafen und schnürte sie mit Kordel zusammen. „Kein Name", fuhr Madec fort. „Keine Nummer. Ein Niemand."
Ben sah ihn kurz an, wie er da drüben im Schatten saß, die Hornet über den Knien, die .358er auf dem Boden neben seinem Bein. Ohne etwas, das die Gewehre auseinanderhielt, würde es beschwerlich werden, den Toten zu tragen.
„Alle diese alten Käuze, die sich hier draußen rumdrücken, sind vor irgend etwas auf der Flucht", sagte Madec. „Vor ihren Frauen, dem Gesetz, vor ihren Gläubigern. Niemand weiß, wer sie in Wirklichkeit sind. Und ein so alter Kerl, wie dieser hier, lebt schon so lange draußen in der Wüste, daß es keinen mehr interessiert."
Ben ließ auf beiden Seiten genug Schnur, um diei Leiche zwcshen

den Gewehren festzubinden, dann ging er zu dem Alten und breitete die Decke neben ihm aus. „Helfen Sie mir, Madec. Wir wollen ihn in die Decke rollen und dann zwischen den Gewehren festzurren."
Madec rührte sich nicht. „Unterhalten wir uns ein bißchen, Ben."
„Worüber?"
„Das hier war nichts weiter, als ein reiner Unfall. Das ist dir doch klar, Ben."
„Ich weiß nicht, was es war. Es gibt Leute, die nicht gleich auf etwas schießen, nur weil es sich bewegt."
„Ach, hör schon auf. Ich dachte, es wäre ein Dickhorn. Und du auch. Wir hatten sie ja gerade genau an dieser Stelle gesehen. Als sie sich bewegten, glaubte ich, wir hätten sie verscheucht. Woher sollte ich ahnen, daß dieser Alte sie in Wahrheit aufgeschreckt hatte?" „Okay", sagte Ben. „Es war also ein Unfall. Wir wollen ihn jetzt den Berg runterschaffen."
„Darüber möchte ich mit dir reden, Ben. Dieser alte Mann ohne Namen, ohne alles, ist tot. Daran können wir nichts mehr ändern."
Der Alte trug keine Strümpfe, und der eine Stiefel war mit einem Stück Draht zugeschnürt. Ben hob ihn hoch, und die Wüstenfliegen schwärmten ihm ins Gesicht. Dann legte er ihn auf die Decke. Als er den Arm unter dem Toten wegzog, war er von Schmutz und Blut verschmiert.
„Ganz und gar nichts", betonte Madec. „Und eigentlich spielt es auch keine Rolle, oder? Ich weiß, das klingt reichlich herzlos, aber es ist eine Tatsache, Ben. Niemand scherte sich darum, ob dieser Alte tot oder lebendig war. Niemand wartet darauf, daß er heimkommt, denn sein einziges Zuhause war die Wüste hier."
Ärgerlich verscheuchte Ben die Fliegen mit einem Deckenzipfel, wickelte ihn dann um den Alten und bedeckte so den starren Blick, den aufgeklappten Mund, das ganze Elend. Die Fliegen ließen sich auf der Decke nieder.
„Wollen Sie mir nun dabei helfen?" fragte er.
„Überlegen wir die Sache doch erst mal gründlich, Ben", erwiderte Madec. „Wenn wir den Alten in die Stadt zurückbringen, wird

das einen großen Wirbel entfachen. Einen Wirbel, der nicht ausgelöst zu werden braucht und der am Ende ohnehin zu nichts führt. Es geht allein darum, daß das Gesetz seinen normalen Lauf nimmt, egal wozu. Sie müssen ihre Gerichtsuntersuchung durchführen, mit Richter, Rechtsanwälten, dem sinnlosen Zeit- und Geldaufwand. Und schließlich, wenn sie ihre ganzen kleinlichen Vorschriften befolgt haben, was geschieht? Es war Tod durch Unfall; niemand hat Schuld, weder ich noch du..."
„Ich ganz bestimmt nicht", fiel Ben ein.
„Natürlich nicht. Also, nachdem sie wochenlang ihre Routine durchgespielt haben, wo stehen wir dann? Genau da, wo wir angefangen haben: mit einem alten Mann, um den sich niemand kümmerte, solange er lebte, und den jetzt keiner will, da er tot ist. Niemand wird bestraft, keinem kann ich einen Schadenersatz leisten, um den Schmerz etwas zu lindern, weil sich niemand dafür interessiert. Jetzt frage ich dich, Ben, warum sollen wir uns diesen ganzen Ärger an den Hals laden?"
„Heißt das, daß Sie ihn hier einfach liegenlassen wollen?"
„Nein! Nein! Er soll anständig beerdigt werden. Ich bin ein religiöser Mensch und werde für ihn beten." Ben blickte auf ihn runter. „Hoffentlich begegne ich nie wieder jemandem wie Ihnen."
„Das ist nicht sehr nett, Ben. Wenn der Alte irgendwelche Verwandten hätte, glaub mir, ich würde nach ihnen suchen und dafür sorgen, daß es ihnen nie an etwas mehr fehlt, was sich mit Geld kaufen läßt. Denk doch mal einen Augenblick nach, Ben. Du hast dein ganzes Leben in der Wüste hier gelebt, aber diesen Alten hast du noch nie zuvor gesehen. Stimmt's? Du weißt nicht, wer er ist, und meiner Meinung nach kennt niemand ihn. Nichts als ein heruntergekommenes Wrack. Daher sollten wir uns nicht in dieses ganze Paragraphengestrüpp einlassen. Du willst doch recht bald zurück auf die Schule, oder? Nun, wenn du in diese Sache verwickelt wirst, kannst du von Glück sagen, wenn du's bis zum nächsten Jahr zurück zum College schaffst."
„Was habe ich denn plötzlich damit zu tun?" fragte Ben. „Ich habe niemanden erschossen."

Madec lächelte ihn an. „Ich merke, daß du noch nie was mit der Polizei zu tun gehabt hast. Du bist jetzt als Zeuge in die Geschichte mit 'reingezogen und glaub mir, die können das Verfahren wochenlang hinziehen, monatelang!" „Helfen Sie mir jetzt oder nicht?" fragte Ben.
Madec blieb mit dem Rücken gegen den Felsblock sitzen und musterte Ben. Endlich murmelte er leise und traurig: „Ich verstehe. Du willst, daß ich bestraft werde, nicht wahr? Tja, das kann ich verstehen, Ben. Auch wenn es ein Unfall gewesen war, findest du, daß ich dafür bestraft werden sollte."
„Es ist mir schnuppe, ob Sie bestraft werden oder nicht", versetzte Ben. „Ich habe noch nicht einmal dran gedacht. Ich weiß nur eins: wenn jemand erschossen ist, muß der Scheriff benachrichtigt werden. Das ist nun mal so." „Nur die Leute behaupten, daß es so ist. Ich versuche dir klarzumachen, worum es hier geht, Ben. Die Justiz wird keinen bestrafen. Das Gericht will lediglich untersuchen, ob es sich hier um Mord oder einen Unfall handelte. Nun weißt du genau so gut wie ich, daß es kein Mord war. Wozu also die Umstände? Ich will ganz offen sein. Ich kann es mir einfach nicht leisten, in eine große Gerichtsaffäre verwickelt zu werden. Es liegt mir sehr viel daran, diese Zeitverschwendung zu vermeiden. Und da mir so viel daran liegt, will ich dafür sorgen, daß es sich auch für dich lohnt. Wieviel brauchst du, bis du dein Examen hast?"
„Nicht viel."
„Nenn mir nur den Betrag, er gehört dir."
„Geben Sie die Gewehre rüber."
Madec griff nach der .358er und kam auf die Füße. Er hängte sich die Hornet um. „Ben, ich bitte dich noch einmal..."
„Das brauchen Sie nicht. Ich sehe den Fall ganz einfach: jemand ist erschossen worden und das muß dem Sheriff gemeldet werden."
„Ich sagte, Ben, daß ich dich noch einmal bitten möchte, die Sache aus meiner Sicht zu sehen. Willigst du ein, kümmere ich mich um dein ganzes Schulgeld — bis zu deinem Diplom und anschließend verschaffe ich dir einen Job bei der Ölgesellschaft, die du dir aus-

21

suchst. Nun, Ben, das ist ein gutes Angebot, das du nicht wegen irgendwelchen pingeligen Vorschriften ausschlagen solltest."
„Ich will keine Geschäfte mit Ihnen machen", erklärte ihm Ben. „Und mir ist es egal, wenn Sie 'n paar Scherereien bekommen, weil Sie einen Mann erschossen haben. Ich gehe zum Sheriff."
Madec hielt die .358er unter den Arm geklemmt und langte in die Tasche. „Das hier ist die .358er Kugel, die ihn getötet hat", meinte er und streckte die Hand aus. Die massive Kugel war nur noch ein Klumpen Blei und Messing.
„Na und?" fragte Ben.
„Schlag die Decke zurück", befahl Madec und steckte die Kugel wieder in die Tasche.
„Warum?"
„Ich will dir was zeigen."
Ben faltete die Decke auseinander.
„Er ist in die Brust getroffen", bemerkte Madec.
„Das weiß ich."
„Außerdem gibt es einen Einschuß im Hals."
Ben sah die kleine, schwärzliche Schußwunde in der ledrigen Halshaut des Mannes.
Das war unglaublich; er konnte nicht darüber nachdenken, es einfach nicht fassen.
„In meiner Tasche hab' ich die .358er Kugel", sagte Madec. „Und irgendwo hier müssen zwei Hornet-Kugeln herumliegen. Und zwei leere Patronenhülsen von der Hornet ein Stück hügelabwärts."
Ben bedeckte den Alten wieder mit der Decke und stand auf. Madec hielt die .358er jetzt mit beiden Händen, die Mündung nach unten gerichtet, die Finger der rechten Hand locker am Abzugsbügel.
„Wer diesen Alten auch erschossen hat – das war kein Versehen, Ben", sagte Madec leise. „Aus Zufall erschießt man keinen Menschen gleich zweimal."

3

„Ben, mein junger Freund", erklärte Madec, der gegen den Felsblock lehnte und das Gewehr immer noch in den Händen balancierte, „wir haben diesen kleinen Vorfall noch nicht ganz zu Ende durchdacht."
„Oh, Sie schon. Was wollen Sie? Vortäuschen, daß der Mann von der Hornet umgelegt wurde?"
„Siehst du", meinte Madec geduldig, „jetzt machst du den gleichen Fehler wie ich und ziehst viel zu voreilig Schlüsse, ohne die Tatsachen zu überprüfen. Daher schlage ich vor, daß wir beide einen kühlen Kopf bewahren und noch mal ganz von vorne anfangen. Die Sache Schritt für Schritt durchgehen und dann sehen, zu was für einem Ergebnis wir kommen."
„Fangen wir doch gleich hier an", sagte Ben. „Sie packen seine Füße, ich den Kopf und wir schaffen ihn runter. Niemand wird nämlich glauben, daß eine .22er Hornet einen Menschen so zurichten kann."
Madecs Stimme klang vorwurfsvoll und belehrend. „Du hörst nicht richtig zu, Ben. Du denkst die Dinge nicht zu Ende. Dieser Alte kann doch, zum Beispiel, lange nachdem er durch den Schuß getötet war, noch einmal von einer .358er getroffen worden sein — vielleicht, um ein wenig Verwirrung zu stiften. Oder um jemand anderem die Schuld in die Schuhe zu schieben. Und vergiß nicht, Coyoten und Aasgeier können eine Menge Schaden anrichten, wichtiges Beweismaterial zerstören."
„Nicht, wenn sie an ihn nicht rankommen."
„Da hast du recht", räumte Madec ein. „Aber überlegen wir mal, ob mein Standpunkt nicht auch richtig ist. Sieh mal, Ben, gerade kam mir der Gedanke, daß Einwohner einer kleinen abgelegenen Ortschaft andere Anschauungen haben, als Leute, die an groß-

städtische Lebensweisen gewöhnt sind." Er lachte plötzlich auf. „Vielleicht ist dir auch noch was anderes aufgefallen. An mir ist etwas — ich weiß nicht was — das die Menschen manchmal irritiert."

„Ich weiß, was es ist", entgegnete Ben ruhig. „Sie lassen die Leute spüren, daß Sie alles, auch was Sie noch nicht haben, mit Geld kaufen können."

„Wahrscheinlich liegt es daran", sagte Madec. „Vermutlich spiele ich wohl ein bißchen den Großprotz. Und das bedrückt mich, Ben. Wenn wir den Alten hier in die Stadt bringen, gibt es eine gerichtliche Untersuchung. Und der Zufall könnte es so wollen, daß die maßgeblichen Leute vielleicht ein wenig voreingenommen sind. Sogar etwas neidisch, weil es mir besser geht als ihnen. Geschworene, die unter den Einwohnern einer kleinen entlegenen Wüstenstadt ausgewählt werden, haben naturgemäß Vorurteile gegen einen Mann wie mich. Glaubst du das nicht auch, Ben?"

„Doch."

„Na, siehst du. Und dann diese Sache hier. Die Gerichtsverhandlung mit voreingenommenen Geschworenen, vielleicht sogar mit einem befangenen Richter, wird sich ganz darum drehen, ob der Tod dieses Alten ein vollkommen reiner Unfall war oder nicht. Nun — du und ich, wir wissen, daß niemand die Absicht hatte, den Mann zu töten. Aber vor Gericht wird man die Frage aufwerfen, ob sich dieser Tod hätte verhindern lassen oder nicht. Wenn nun die Geschworenen aus dem Beweismaterial urteilen, daß sich — auch wenn ich den Mann völlig unbeabsichtigt erschoss — der Unfall tatsächlich hätte vermeiden lassen, dann erscheint natürlich die Sache in einem ganz anderen Licht. Kannst du mir folgen?"

„Madec, Ihre Aussichten würden erheblich besser stehen, wenn Sie einfach die Wahrheit sagten, anstatt zu versuchen, den Leuten aus meiner Heimatstadt weiszumachen, der Mann wäre durch zwei Hornet-Schüsse getötet worden."

„Ben, das erstaunt mich. Ich dachte, du hättest inzwischen be-

griffen, daß ich kein Risiko eingehe. Auch den Schuß aus deiner Flinte kannst du, zum Beispiel, als reine Zufälligkeit betrachten, die sich später möglicherweise als nützlich erweisen kann. Aber das ist nichts, was dich im Moment beunruhigen sollte. Jetzt spreche ich nur davon, was passieren könnte, wenn wir deinen Plan ausführen und die Leiche zurück in die Stadt bringen. Ich rede über die gerichtliche Untersuchung — die Geschworenen. Nun, diese Geschworenen, Ben, könnten die Tatsachen etwas verdrehen. Sie könnten aus deiner Aussage bei der Verhandlung mehr heraushören, als du eigentlich sagen willst. Tja, Ben" — Madec lächelte ihn an — „in Wahrheit bist du auch ein bißchen gegen mich eingenommen, und das könnte man merken. Deine Aussage über das Vorgefallene wäre vollkommen wahrheitsgetreu, das weiß ich, Ben. Aber sie könnte durch deine Vorurteile gerade so weit gefärbt sein, um die Geschworenen auf den Gedanken zu bringen, daß sich dieser Unfall doch hätte vermeiden lassen."
Madec rutschte in eine andere Stellung gegen den Felsblock und musterte Ben. „Wir hatten ja wirklich einen kleinen Wortwechsel über das Sichten von Hörnern. Wiederholst du das vor einer Gruppe Männern, die ihr ganzes Leben in der Wüste zubrachten, urteilen sie vielleicht, daß das nicht nur eine beiläufige Bemerkung von dir war, sondern daß du mir vom Schießen abgeraten hattest. Ja, mich sogar davor gewarnt hattest, abzudrücken. Wird dann ihre Auffassung durch deine Aussage bestätigt, kämen sie zu der logischen Entscheidung, daß hier kein bloßer Unfall vorliegt."
„Sie denken auch nicht sehr konsequent", sagte Ben.
„Nur weil sie in einer kleinen Stadt weit abgelegen in der Wüste leben, sind die Menschen dort nicht schlechter oder dümmer als anderswo. Wenn sie die Wahrheit hören, lassen sie sich davon genau so schnell überzeugen, wie jeder andere. Und wenn Sie glauben, man beneidet Sie, weil Sie ein feiner Pinkel aus der Stadt sind, dann liegen Sie da auch schief. Die Leute lieben ihre Heimat, sonst würden sie nicht da draußen leben."
„Wenn ich das nur glauben könnte", meinte Madec. „Aber wie schon gesagt, lasse ich mich auf kein Risiko ein. Deine Aussage

bei dieser Untersuchung kann mich ins Gefängnis bringen, Ben."
„Was wollen Sie denn? Soll ich vergessen, daß Sie mir was von Hörnern erzählt haben?"
„Jetzt beleidigst du mich. Ich nehme es übel, wenn du glaubst, ich würde von dir einen Meineid vor Gericht fordern. Aber gut, daß du mit mir darin übereinstimmst, daß ich durch deine Zeugenaussage verurteilt werden kann; für schuldig erklärt und ins Gefängnis gesteckt, Ben. Nun, ich habe nicht vor, im Gefängnis zu landen. Das käme mir sehr ungelegen."
„Ich frage mich, ob es dem alten Mann hier gelegen kam, erschossen zu werden..."
Madec sah flüchtig auf die zusammengerollte Decke, rückte dann die .358er leicht zurecht und nahm die Mündung höher. „Ich fürchte, ich komme einfach nicht weiter mit dir, Ben. Erzähl mir doch: Stimmt es, daß Leute, die sich in der Wüste verirrt haben, manchmal hysterisch werden und sich die Kleider vom Leib reißen?" Was Ben empfand, war nicht eigentlich Angst oder auch nur eine dunkle Vorahnung. Es war körperlich: ein Kälteschauer, der ihm die Schulterblätter zusammenkrampfte. Jetzt wurde ihm klar, daß er diese Entwicklung schon seit dem Anblick der schwärzlichen Schußwunde der Hornetkugel vorausgesehen hatte. Er kam sich hilflos und dumm vor, denn der Zeitpunkt war vorbei, an dem er sich hätte entscheiden, etwas unternehmen, sich selbst schützen müssen. Jetzt war es zu spät.
„Ja, davon hab' ich gehört", murmelte er.
„Dann gib mir am besten deinen Hut, Ben."
Jetzt überkam ihn Angst. Mit diesem Eingeständnis, dieser Erkenntnis wurden aus seinen vagen Befürchtungen jähe nackte Furcht.
Wie idiotisch von ihm, daß er Madec so weit hatte gehen lassen, ohne sich der Situation zu stellen, auch nur richtig darüber nachzudenken!
„Damit kommen Sie nicht durch!"
„Oh doch. Gib mir Hut und Hemd, Ben. Die Stiefel auch."
„Und wenn ich mich weigere?"

„Dann zwingst du mich zu einem Entschluß" — er grinste langsam — „den ich natürlich schon getroffen habe. Glaub mir, Ben, ich tu es nicht gern. Es muß einfach getan werden. Wie es geschehen soll, überlasse ich ganz dir."
Madecs Daumen bewegte sich ruhig und sicher. Ben verfolgte, wie der bläuliche Sicherungshebel hochschnappte.
Madecs Zeigefinger schob sich in den Abzugsbügel und krümmte sich um den Abzug.
Noch immer konnte Ben sich nicht vorstellen, wie ein Mensch so etwas zu planen vermochte; so kaltblütig und gelassen dabei sein konnte.
„Vielleicht hilft es dir bei deiner Entscheidung, wenn du genau weißt, was ich vorhabe", sagte Madec.
„Ich glaube, das weiß ich. Sie wollen das Ganze als Mord frisieren. Bei ihm" — er deutete mit dem Kopf zur Decke hin — „haben Sie schon dafür gesorgt. Jetzt wollen Sie sichergehen, daß ich es nicht abstreiten kann." „Klar erkannt", meinte Madec. „Haargenau. Ich will dir erzählen, wie ich es mir vorstelle. Oder interessiert dich das nicht?"
Ben dachte an den Jeep und hätte sich ohrfeigen können. Aber wie hätte er ahnen sollen, daß etwas so Irrsinniges passieren konnte?
Rechts und links vom Jeep lag mindestens neunzig Meter weit nichts als offenes Gelände. Bergab waren es noch mehr. Nirgendwo ein Versteck. Und wenn er versuchte wegzulaufen, stolperte er bestimmt über das Schiefergeröll.
Die .358er würde ihn zum Stehen bringen, bevor er auch nur halbwegs unten am Jeep wäre.
„Doch, das interessiert mich", sagte er.
„Es geht einfach darum: du bist ein ehrlicher junger Mann, der das Gesetz respektiert. Deshalb kann ich dir nicht trauen. Wir könnten hier übereinkommen, die Unterhaltung über die Hörner zu vergessen. Aber im Gerichtssaal, unter Eid, würde deine Aufrichtigkeit einer zu harten Belastungsprobe ausgesetzt. Das kann ich nicht riskieren."

„Was Sie jetzt tun, ist viel riskanter."
„Nein. Verstehst du, es geht darum, den Tatbestand zu untermauern, daß nicht ich, sondern du den Alten hier erschossen hast. Wie wir das bewerkstelligen, überlasse ich ganz dir. Diskutieren wir also über die Alternativen. Erstens: ich könnte dich auf der Stelle erschießen. Offensichtlich die schnellste und einfachste Lösung, das Dumme dabei ist nur, daß ein solcher Schritt genau vorausgeplant sein will. Eine Menge Details müssen haargenau aufeinander abgestimmt werden. Ein vorsätzlicher Mord birgt immer die Gefahr eines verhängnisvollen Fehlers. Wenn du nicht gerade darauf bestehst, streichen wir Mord also von der Liste, ja?"
„Prima Idee", meinte Ben.
„Die zweite Möglichkeit: du ziehst Stiefel und Hemd aus, setzt den Hut ab und wirfst alles auf den Boden. Als nächstes leer deine Taschen aus. Die Hose kannst du anbehalten, aber nicht die Strümpfe. Wie weit ist es bis zur nächsten Autobahn?"
Ben sah nach Westen. Die Berge verdunkelten sich jetzt, als die Sonne hinter ihnen unterging. „Ungefähr 70 Kilometer." „Gut. Ohne Kleider zum Schutz gegen die Sonne, ohne Schuhe für deine Füße, ohne Nahrungsmittel und Wasser hast du da einen langen Marsch vor dir."
„Das schaffe ich", erklärte Ben.
„Vielleicht. Das spielt kaum eine Rolle. Denn, auch wenn dir das gelingt, werden deine Geschichte und meine Geschichte sehr voneinander abweichen."
„Madec", sagte Ben ruhig, „glauben Sie wirklich, daß man Ihnen in meiner Heimatstadt die Geschichte abkaufen wird, ich hätte vorsätzlich einen alten Goldgräber erschossen, den ich noch nie im Leben gesehen habe?" „Möglich, daß sie's nicht tun. Aber darin liegt ja gerade die Finesse, Ben. Denn deine Geschichte wird man erst recht nicht glauben. Niemand kann sich vorstellen, daß irgend jemand einen anderen Menschen so behandeln kann, wie ich es mit dir tun werde. Man muß an deiner Geschichte zweifeln, und wenn du es dir richtig überlegst, mußt du einsehen, wie verworren und unlogisch sie sich anhört. Im Gegensatz dazu

wird mein Bericht so logisch und vernünftig klingen, daß man ihm schwerlich nicht glauben kann. Aber das alles ist nicht weiter wichtig", fuhr Madec fort, „denn ich glaube nicht, daß du diese 70 Kilometer überlebst, Ben. Ohne Wasser? Ich sorge dafür, daß du an keins rankommst. Ja, ich werde dir den ganzen Weg lang zusetzen."

Das Ganze kam Ben unwirklich vor. In der unbewegten, lastenden Hitze, der vollkommenen Stille kamen ihm Zweifel, ob Madec überhaupt so etwas gesagt hatte. „Sie sind übergeschnappt, Madec. Los, wir wollen den Alten zum Jeep schaffen."

Es war, wie wenn der kleine Stein unter seinem rechten Fuß jäh von einem Schmiedehammer getroffen wurde. Der Schlag betäubte ihm den Fuß und das halbe Bein und kroch als stechendes, schmerzhaftes Kribbeln bis hoch in seine Magengrube.

Er starrte auf das Loch im Boden, wo der Stein gelegen hatte und hörte, weit weg, wie aus der Erinnerung die Explosion der .358er. Er trat mit dem tauben Fuß behutsam wieder auf, und, als er ihn wieder fest auf dem Boden hatte, sah er rüber zu Madec.

„Wie hast du dich entschieden, Ben?" fragte Madec gelassen und rammte eine neue Patrone ins Schloß.

Ben musterte ihn ohne jede Bewegung. Plötzlich waren Hilflosigkeit, Verwirrung, sogar die Angst wie weggeblasen. Seltsam, er verspürte nicht mal Haß gegen Madec, keine Abneigung. Der Mann existierte einfach nicht mehr, außer als Faktor dieses Problems, mit dem er jetzt fertigwerden mußte.

Er wußte, daß ihm keinerlei Wahl blieb. Jede Bewegung auf das Gewehr zu, jeder Fluchtversuch, würde ihm nur das Leben kosten. Er schleuderte Madec den Hut vor die Füße und streifte dann das Hemd ab. Indem er erst auf einem, dann auf dem anderen Bein balancierte, zog er Stiefel und Strümpfe aus und ließ sie zu Boden fallen. Darauf stülpte er die Taschen aus und entleerte sie. Als er bis zur Taille nackt, barfuß und barhäuptig war, sah er Madec an. „Okay?"

„Ich hab's mir anders überlegt", meinte Madec freundlich. „Endlich nehmen Sie Vernunft an!"

„Zieh die Hosen auch aus. Die Unterhose kannst du anbehalten. Und weg mit der Sonnenbrille!"
Ben wollte die Gürtelschnalle lösen, hielt dann aber inne. „Können Sie wirklich einen Mord begehen, nur um ein paar unbequemen Fragen auszuweichen? Nur, um sich vielleicht um ein paar Monate Gefängnis zu drücken?"
„Wer bist du denn?" fragte Madec immer noch freundlich. „Bist du wirklich begabt in der Schule? Ein Genie oder sonstwas?" Es kam ihm komisch vor, in diesem Augenblick an seine guten Noten zu denken. „Nein, ein Genie bin ich nicht." „Du bist nichts weiter als ein junger Kerl. Zweiundzwanzig. Ich habe mich nach dir erkundigt, ehe ich dich eingestellt habe. Netter Junge, fleißig — möchte später Geologe werden. Keine Eltern. Keine Frau. Eine Menge Mädchen, aber keine feste Freundin. In den letzten drei Tagen hier draußen mit dir zusammen, habe ich noch viel mehr über dich erfahren. Du bist ein Niemand, Ben. Und du wirst nie etwas anderes sein. Du bist ein Versager, Ben. Es gibt schon zu viel von deiner Sorte auf der Welt."
„Auch von Ihrer Sorte gibt's mindestens einen zu viel", konterte Ben.
„Ein paar Leute teilen deine Meinung", sagte Madec ungerührt. „Aber wer bin ich? Ich bin Präsident und Alleininhaber einer Gesellschaft in Kalifornien. Nichts so großes wie General Motors, aber immerhin beschäftige ich beinahe sechshundert Leute. Ich bin verheiratet und habe zwei prachtvolle Kinder. Alle diese Menschen, meine sechshundert Angestellten, meine Frau, meine Kinder sind auf mich angewiesen; ich sorge für ihre Nahrung, ihre Unterkunft, ihren Lebensunterhalt. Sie alle brauchen mich, und in meiner Branche wäre es mein Ruin, wenn ich, ganz gleich aus welchem Grund auch nur einen Tag lang ins Gefängnis käme. Verstehst du, es geht hier nicht nur um mich selbst, sondern um die vielen anderen Menschen. Sie oder du — wenn ich das abwäge, ziehst du den kürzeren."
Er streckte die Hand aus. Ben stieg aus der Hose und ließ dann die Sonnenbrille darauf fallen.

„Gut", sagte Madec. „Lauf zu. Aber vergiß nicht, Ben, ich lasse dich keinen Schritt aus den Augen. Du schaffst es nicht."
Ben sah ihn noch einmal an und ging dann über die flache Kuppe des Bergkamms davon. Der glatte Stein unter seinen Füßen war heiß, und er konnte die Wärme der untergehenden Sonne auf der bloßen Haut spüren. Seine Rückenmuskeln krampften sich zusammen, lauerten auf die erste Berührung mit der schweren .358er Kugel. Er merkte, wie sich seine Haut im Vorgefühl zusammenzog.
Auf dieser Seite war der Abstieg vom Berggrat nicht so steil wie dort, wo sie hochgestiegen waren. Er ging langsam weiter und suchte sich einen Weg zwischen den vereinzelten, spitzen Steinen hindurch.
Nirgends ein Laut.
Das freie, offene Gelände mündete in einem Gewirr von Felsblöcken. Er tauchte mitten hinein und beeilte sich jetzt, denn er wollte gern massiven Stein zwischen seinem Rücken und dem Gewehr spüren.
Am anderen Ende des Geröllfelds zog sich ein Arroyo, ein schmales Trockental hin. Dort ließ er sich hinunter und ging im Tal so lange weiter, bis er außer Sichtweite des Bergrückens war.
Dann machte er kehrt und schlich sich geduckt wieder hoch, folgte vorsichtig und gemächlich der Rinne des Arroyo zurück in Madecs Richtung.
Als das Trockental zu flach wurde, um noch Deckung zu bieten, blieb er stehen und hob langsam den Kopf, bis er zwischen zwei nebeneinanderliegenden Steinblöcken hindurchspähen konnte.
Madec war verschwunden.
Wenigstens eine kleine Genugtuung. Doch als er dann den Bergrücken absuchte, dachte er: okay, Madec, hier hast du deinen ersten Fehler gemacht.
Von seinem Standort aus konnte er den alten Mann nicht sehen. Aber, als er sich hinsetzte, um abzuwarten, fielen ihm die Stiefel ein. Solide Stiefel — und ungefähr seine Größe.

4

Gefangen wie in einer Falle. Von der höchsten Spitze der kleinen Bergkette, die eigentlich nur aus Hügeln bestand, die vielleicht bis zu dreihundert Meter von der flachen Wüste anstiegen, studierte Ben diese Falle.
Die Sonne war mittlerweile ganz hinter den westlichen Bergen untergetaucht; jenen fernen und, wie er wußte, unzugänglichen Bergen, die sich jetzt pechschwarz vor der Abenddämmerung abzeichneten. Jenseits dieser Bergkette, per Luftlinie von hier, wo er stand, siebzig Kilometer entfernt, führte eine Autobahn entlang und vierundzwanzig Kilometer weiter gab es eine Stadt.
Eine Falle — wie eine riesige Schale, deren Boden aus offener, rauher Wüste bestand, rings von Bergen eingeschlossen. Und die stumpfförmigen kleinen Hügel, auf denen er jetzt stand, glichen einem winzigen Salathäufchen mitten in einer Salatschüssel. In einer halben Stunde konnte man mit dem Jeep ganz um sie herumfahren, und jemand mit einem Fernglas konnte alles verfolgen, was sich auf ihnen bewegte.
Zwischen ihm und der hohen Bergkette im Westen lagen ungefähr sechzig Kilometer offene Wüste. Kein so flaches Gebiet mit dichtem, fast betonglattem Sand wie die Trockenbecken in der Umgebung des Luftwaffenstützpunkts Edwards, aber doch frei genug, um vom Jeep aus jemanden zu verfolgen, der diese weite Strecke zu durchqueren versuchte.
Ben drehte sich langsam weiter um. An seinen wunden Füßen trocknete das Blut fest und blätterte ab. Im ganzen Umkreis gab es keinen Weg, der nicht viele Meilen durch offene Wüste führte. Er konnte sich noch immer nicht mit seiner Lage abfinden. Noch immer nicht konnte er begreifen, daß jemand vorsätzlich einen Menschen umbringen würde, nur um sich vor einer Gerichts-

verhandlung zu drücken, die ihm im schlimmsten Fall einige
Monate Gefängnis einbrachte. Und er konnte sich nicht von der
Hoffnung freimachen, daß Madec es sich anders überlegen würde.
Wenn man ihm Zeit ließ, mußte er doch einsehen, daß das Verbrechen, das er jetzt beging, viel schwerwiegender war, als der irrtümliche Schuß auf den Alten.
Damit sich diese Hoffnung erfüllte, mußte er Madec wohl Zeit
zum Nachdenken lassen, Zeit, sich alles noch mal zu überlegen.
Der unglückliche Schuß lag ja erst so kurz zurück, Madecs Plan
noch so unausgereift, daß es gefährlich wäre, ihn jetzt zu reizen.
Das Dumme war nur, daß Ben wenig Zeit zu verlieren hatte. Er
konnte es sich nicht leisten, Madec in Ruhe nachdenken zu
lassen; Madec, der reichlich Proviant, einen ausreichenden Wasservorrat und Schutz vor der Sonne hatte.
Ohne Wasser konnte Ben diese Hitze nur zwei Tage lang durchstehen; wahrscheinlich noch weniger, denn ihn schützte keine
Kleidung, die seinen Schweiß aufsaugen könnte.
Wenn er irgendwo in diesen Bergen ein Auffangbecken mit Wasser
finden konnte und auch nur einen Liter Wasser aus dem Sand
pressen, würde ihm das überhaupt nichts nützen. Ein Liter Wasser
konnte die 48 Stunden, die er zu überleben hoffte, nicht um eine
einzige Stunde verlängern.
Selbst, wenn er Glück hatte und zwei Liter fand, würde das kaum
helfen, ihn vielleicht eine Stunde länger leben zu lassen.
Um hier zweieinhalb Tage zu überleben, müßte er mindestens vier
Liter Wasser finden. Es drei Tage auszuhalten, würde mehr als
acht Liter erfordern. Und vier Tage — neunzehn Liter.
Und ihm blieben nicht einmal mehr zwei ganze Tage. Acht von
den achtundvierzig Stunden waren bereits verstrichen, denn er
hatte kein Wasser mehr getrunken, schon bevor sie die Jagd auf
die Dickhörner ansetzten.
Als er sich bergabwärts wandte, sah er, wie die Scheinwerfer des
Jeeps wie bleiche Messerklingen über den steinigen Wüstenboden
leuchteten.
Ben blieb stehen und beobachtete, wie der Jeep unten am Fuß

des Berges hin- und herjagte und dann um das westliche Ende der Hügelkette bog.
Wahrscheinlich glaubt er, ich wäre schon auf dem Marsch quer durch die Wüste, vermutete Ben.
Da liegt dein zweiter Fehler, Madec.
Ben tastete sich vorsichtig den Hang hinunter, denn seine Füße waren jetzt geschwollen und taten weh. Ihm war klar, daß er diesem Problem mehr widmen sollte, als nur die Hoffnung, daß die Zeit Madec umstimmen würde. Er sollte das Problem wirklich von allen Seiten anpacken. Statt dessen fielen ihm nur kleine, belanglose Dinge ein. Er brauchte Schuhe und Kleider. Er brauchte Wasser. Er hatte Hunger. In der Dunkelheit dauerte es lange, bis er zurück auf den Felsgrat gelangte, wo der Alte erschossen worden war. Er entschied, daß er Zeltbahn, Seil und Decke gebrauchen konnte, aber nicht die blutverschmierten Kleider. Nur die Stiefel. Aus der Decke konnte er sich einen Poncho zurechtschneiden.
Madec hatte den Toten dahin zurückgeschleift, wo er zuerst hingesunken war.
Zeltbahn, Seil und Decke waren fort. Genau wie der Filzhut des Alten. Und seine anderen Kleider ebenfalls.
Im Licht der Sterne wirkten die bloßen Füße des alten Mannes nackt und weiß, und um die Knöchel bildete die schmutzige Haut einen dunklen Streifen. Die Stimme aus dem Dunkel klang ganz nahe. Aber als Ben genauer hinhörte, wurde ihm klar, daß Madec zehn oder zwölf Meter weit weg sein mußte — hinter einem Geröllhaufen versteckt.
„Später ziehe ich ihm Schuhe, Hut und Kleider wieder an", rief Madec. „Wenn du sie nicht mehr brauchen kannst."
„Madec!" schrie er. „So schaffen Sie's nicht! Man wird zu viele Fragen stellen."
Er hörte den Schiefer knirschen, als Madec den Hang hinunterstieg. Vom Klippenrand verfolgte er, wie der Mann schnurstracks auf den Jeep zusteuerte. Er wußte, es war sinnlos und trotzdem suchte er den Boden um den Toten herum ab, suchte den ganzen

Felsgrat ab, hoffte, Madec hätte den Fehler gemacht, das Zeug einfach irgendwo zu verstecken.
Dieser Fehler war Madec nicht unterlaufen.
Er trat noch einmal an den Klippenrand und blickte nach unten. Madec hatte die Camping-Laterne angezündet, und Ben konnte sehen, wie er hin und her lief und sich das Abendessen über dem Lagerfeuer zubereitete. Gleich am ersten bend hatte er Ben erklärt, daß er das ‚zünftiger' fände, als den Primuskocher zu benutzen. Er entfernte sich von dem alten Mann, setzte sich mit dem Rücken gegen eine Steinplatte und wartete. Der Mond hing zaghaft und unentschlossen über den schwarzen Bergen, und nur ein schwacher Schimmer verriet, daß er überhaupt da war. Doch schließlich kam er mit Schwung hoch und seine riesige Scheibe, mit einer leicht rotbraunen Färbung, lag nur mit einem schmalen Streifen im Dunkel des Erdschattens.
Der Mondschein reichte nicht aus, um die Spur des alten Mannes zu erkennen, schon gar nicht die Fährte des Dickhorns. Aber Ben hoffte, daß ihm die in der Wüste verbrachten Jahre jetzt helfen würden.
Ein so erfahrener Goldsucher wie der Alte pflegte sich ein ordentliches Lager zu errichten. Windgeschützt hinter einem Felsen und mit weitem Blick über die Wüste. Nicht so nahe an einer Wasserstelle, um das Wild zu verscheuchen, doch dicht genug, um eine Wachtel oder ein Kaninchen zu fangen, wenn es nötig war.
Ben stand auf. Vorsichtig machte er sich wieder auf den Weg, und der Mondschein erleichterte es ihm, den spitzen Steinen auszuweichen. Gleichzeitig hielt er nach irgendwelchen Spuren Ausschau: dem Kratzer eines Schuhnagels auf einem Stein, dem dunkleren Boden, wo ein Fuß gegen ein Felsstück getreten und es umgedreht hatte, Spuren von Ausgrabungen, wo der Metallsucher vielleicht losgesummt hatte.
Was hatte der Alte wohl gefunden? Eine Bierdose, die irgendein Jäger liegengelassen hatte? Eine Messinghülse, wo jemand einen Schuß abgefeuert hatte? Gold? Silber? Oder nichts?
Früher, als er noch ein Junge war, erschien einmal ein alter Gold-

sucher, den die Leute Hardrock nannten, in der Tankstelle seines Onkels. Hardrock war immer auf kleinen Packeseln losgezogen, dann hatte er die kleinen Esel aufgegeben und war eine Zeitlang zu Fuß gegangen. Doch an jenem Abend war er mit einem Gefährt aufgekreuzt, das den Spitznamen ‚Maulesel' trug — ein hochgezüchteter Motorroller mit großem Hinterrad, luftgekühltem Motor und aufgepolstertem Rahmen.

Hardrock war blank gewesen, hatte sich von Bens Onkel zwanzig Liter Benzin ausgeliehen und noch fünf Dollar. Als Sicherheit hatte er unbedingt einen guten, schaffellgefütterten Mantel dalassen wollen.

Dieser Mantel hatte zehn Jahre lang bei Bens Onkel im Schrank gehangen. Dann war Hardrock — diesmal mit einem kleinen Lieferwagen — wieder aufgetaucht. Ben hatte die zwanzig Liter Benzin und den Fünf-Dollar-Kredit bezahlt und den Mantel wieder mitgenommen. Beinahe am anderen Ende der Bergkette und halb den Hang hinunter entdeckte Ben das Lager des Alten. Viel vorzufinden erwartete er nicht. Eine Zeltbahn, eine Decke oder, wenn es ein richtiger Stutzer war, einen Schlafsack. Den gußeisernen Kocher, auf den kein Goldsucher verzichten konnte. Eine Schaufel, um Fleisch drauf zu braten. Getrocknete Äpfel, getrocknetes Rindfleisch, Mehl, Salz und Pfeffer. Und dann, je nachdem, wie lange er schon unterwegs war, noch einige Dosen Tomaten, Bohnen, vielleicht eine dicke Scheibe Schinken. Bestimmt aber besaß er eine Jagdflinte, meist eine alte 30er und eine Pfanne zum Goldauswaschen, ein paar Kleider zum Wechseln und immer einen Wasserbeutel oder Benzinkanister und eine Kanne Essig, um damit das Wasser zu klären.

Madec hatte als erster das Lager gefunden.

Eine kindische Wut stieg in ihm hoch. Das war nicht fair! Madec verstieß gegen die Spielregeln.

Madec hatte wenig zurückgelassen. Keine Zeltbahn, keinen Schlafsack, keine Decke. Kein einziges Kleidungsstück und keine Schuhe. Keine Lebensmittel. Den eisernen Kocher hatte er mit einem Stein kaputtgeschlagen. Wenn der Alte irgendwelches Gerät oder eine

Flinte besaß, so hatte sie Madec mitgenommen. Ben war zumute, wie jemandem, der heimkommt und sein Haus in Schutt und Asche vorfindet.
Gerade als er sich abwandte, unschlüssig, wohin er gehen oder was er tun sollte, fiel sein Blick auf den 20-Liter-Wasserkanister. Der Alte hatte ihn in eine Felsspalte in den Schatten gestellt. Nur beim Anblick des Kanisters wurde er fast wild vor Freude. Er zerrte ihn aus der Spalte und schraubte die Verschlußkappe ab. Der Kanister war leer.
Im ersten Moment war er zu verblüfft, enttäuscht und wütend, um klar zu denken. Dann aber, als er automatisch die kurze, an der Schraubkappe befestigte Kette entwirrte, wurde ihm klar, daß Madec endlich doch ein Fehler unterlaufen war! Wenn er nämlich Wasser fand, konnte er in diesem Kanister das aufheben, was er nicht sofort trinken konnte.
Das gefiel ihm: den Kanister vor sich zu sehen, darüber zu streichen, tat gut. Er hatte einen handlichen, angerauhten Griff, der mit dem Oberteil glatt abschloß und gut in der Hand lag.
Wenn ich genug Wasser finde, um den Kanister zu füllen, dachte er mit wachsender Erregung, kann ich Madec ignorieren und schnurstracks heimwärts marschieren.
Wenn ich an Wasser rankomme, ist er nicht raffiniert genug, mich aufzuhalten.
Er empfand Befriedigung über das Gewicht des Kanisters in seiner Hand und schwenkte ihn hoch.
Madec hatte den Boden eingedrückt. Er hatte die Schweißnähte so auseinandergezerrt, daß die Blechplatte, die den Boden gebildet hatte, im Innern des Kanisters hochgeklemmt wurde.
Ben stellte den Kanister behutsam wieder hin, wie um den Boden nicht noch mehr zu beschädigen. Dann setzte er sich darauf. Seine Füße bluteten wieder, und das Mondlicht über den Felsen bekam dunkle Flecken.
Wie er so dasaß, fing er allmählich an, sich ganz klein und hilflos zu fühlen, wie ein nacktes Kind, das nicht nur von der Wüste bedroht wurde, sondern von einem Erwachsenen, der erpicht

darauf war, es umzubringen. Es gab keine Möglichkeit, diesen Mann Madec auszutricksen.

Was kann ich nur tun? grübelte Ben. Den Berg runtersteigen, quer durch die Wüste zum Jeep gehen, wo die Camping-Laterne brennt, das Essen kocht und es reichlich frisches Wasser gibt. Ich kann Madec versprechen, vor Gericht so auszusagen, wie er will — alles wegzulassen, was er möchte. Daß zwischen uns nie darüber gesprochen wurde, nicht zu schießen, bevor er nicht Hörner ausmachte. Daß ich genau so sicher gewesen wäre, er hätte auf eins der Dickhörner angelegt, die wir beide kurz vorher dort oben gesichtet hatten. Ich kann ihm mein Ehrenwort geben, jede Geschworenenbank davon zu überzeugen, daß der Tod des Alten ein Unfall war, ein reiner Unfall — durch nichts zu verhindern. Es war sinnlos. Madec war kein Typ, der sich auf das Wort eines anderen verließ.

Er lehnte sich zurück und starrte zu den Sternen hoch. Sogar sie schienen sich von ihm zurückgezogen zu haben. Oben auf dem Bergkamm waren sie ihm noch so nah und freundlich vorgekommen; jetzt überflutete das Mondlicht den dunklen Himmel, und die Sterne hatten sich viele Millionen von Kilometern von ihm entfernt. Und es war ihnen egal, daß man ihm nach dem Leben trachtete.

Er hatte keine Lust, die feindseligen Sterne weiter zu betrachten, senkte den Kopf und dabei fiel sein Blick auf etwas Fremdartiges, etwas, das nicht dahin gehörte, wo es war.

Er verlor die Stelle aus den Augen und fand sie erst nach einigem Suchen wieder.

Vielleicht, überlegte Ben und kam auf die Beine, hatte der alte Mann denselben Kanister benutzt, um sich draufzustellen, denn der vorspringende Rand in der Felswand lag mindestens zweieinhalb Meter über dem Boden. Er selbst mit seinen ein Meter dreiundachtzig konnte nicht über den Simsrand langen und mußte sich auf den Kanister stellen.

Auf dem Sims stand eine gewöhnliche kleine Blechdose mit glänzendem Metallgriff. Sein Onkel hatte im Büro der Tankstelle eine ganz ähnliche, um Quittungsbelege aufzubewahren.

Die Dose war verschlossen und ließ sich mit bloßen Fingern nicht aufbrechen.

Während er sich nach einem Stein umsah, um sie aufzuschlagen, ließ seine Freude über den Fund nach. Madec hatte den Alten nach Ausweispapieren durchsucht. Er mußte den Schlüssel zu dieser Dose in den Taschen des alten Mannes oder an einer Schnur um seinen Hals gefunden haben. Egal, wo er ihn bei sich trug — Madec mußte ihn gefunden haben. Ben stellte die Dose hochkant und begann mit dem Stein draufloszuschlagen.

Bestimmt war die Dose leer. Sinnlos, sich die Mühe zu machen, sie aufzubrechen. Ganz bestimmt hatte Madec nach dem geforscht, wozu der Schlüssel paßte. Dann hatte er diese Dose gefunden — und jetzt war sie leer.

Vielleicht hatte ihm Madec auch ein kleines Andenken hinterlassen; etwas, um ihm zu zeigen, daß er wieder überlistet worden war. Endlich brach der Riegel auseinander, und er preßte den verbogenen Deckel hoch.

Etwas Lebendiges fuhr aus der Dose, und Ben schleuderte das Ding weit von sich, machte einen Satz zurück, als die Dose gegen die Felswand klirrte und dann zu Boden polterte, worauf sich das Ding aus dem Innern in Windungen und Spiralen um die Dose wickelte.

Ben wich noch weiter zurück. Im Halbdunkel konnte er kaum etwas erkennen, erriet jedoch, daß Madec irgendeine Schlange gefunden haben mußte — eine Klapperschlange oder eine kleine Diamanten-Klapperschlange.

Ohne den Blick vom Boden zu nehmen, bückte er sich nach einem Stein. Er hielt ihn wurfbereit, während er den Boden fixierte und auf die leiseste Bewegung achtete.

Die Schlange kroch nicht aus dem Schatten hervor, daher ging er vorsichtig auf sie zu — mit dem unbehaglichen Gedanken an seine nackten Füße und Fußgelenke.

Nichts rührte sich, kein Klappern oder Zischen war zu hören; nun konnte er aber die Windungen der Schlange deutlicher sehen, die offenbar zum Teil noch in der Dose steckte.

Ben beobachtete sie lange und verstand nicht, warum sie sich nicht doch einmal bewegte.
Schließlich, ohne die Schlange aus den Augen zu lassen, bückte er sich und tastete über den Boden, bis er einige kleine Kiesel fand.
Dann richtete er sich auf, nahm einen und zielte auf die Schlange.
Der Kiesel schlug klimpernd gegen die Dose.
Die Schlange bewegte sich nicht.
Er bombardierte sie mit der ganzen Handvoll Kiesel. Keine Bewegung.
Er ging zu der Stelle zurück, wo der alte Goldgräber sein Lagerfeuer angelegt hatte und fand einen verkohlten, sechzig Zentimeter langen Ast.
Wie mit einem Schürhaken holte er damit die Dose aus dem Schatten ins helle Mondlicht.
Die Schlange war aus Gummi. Gummischläuche, stellte Ben fest, als er sie hochnahm. An irgendeinem Metallrahmen befestigt, den er erst identifizieren konnte, als er ihn hoch in das Mondlicht hielt.
Das Ding war eine Steinschleuder, doch so, wie er noch keine vorher gesehen hatte. Diese hier besaß nicht nur einen Griff für die Hand, sondern auch ein Verlängerungsstück aus Metall mit einer flachen, ausgerundeten Aluminiumplatte am Ende. Schließlich kam er dahinter, daß diese Verlängerung eine Armstütze darstellte.
Eine unheimliche Waffe, nicht nur mit Gummibändern, sondern festen runden Gummischläuchen. Als er die Lederstulpe zurückzog, war er ganz überrascht über die Stärke des Geräts.
Ein guter Schütze konnte damit gewiß sogar einen Hasen erschießen, und genau dazu hatte es der Alte vermutlich auch benutzt.
Das Ding fühlte sich angenehm solide an, und als er die Gummischläuche spannte, lag die Gabel fest in seiner Hand, die Verstrebung stützte seinen Arm.
Eine richtige Waffe — das wurde ihm plötzlich klar. Kein Gewehr, nicht einmal Pfeil und Bogen, aber immerhin eine Waffe.

Ein kleiner, runder Stein, der mit dieser Schleuder abgefeuert jemanden am Kopf traf, konnte allerhand Schaden anrichten.
Er legte die Steinschleuder weg und ging zurück zu dem Kasten. Er enthielt ein kleines Transistorradio, das er aber beim Aufbrechen der Dose angeschlagen hatte. Er fand einige Ersatzbatterien für das Ortungsgerät und einen ledernen Tabaksbeutel. In ihm lagen zwei Dutzend Schrotkörner: große runde Bleikügelchen. Die Munition für die Schleuder. Ganz unten im Kasten lag eine Brieftasche aus Plastik. Er holte sie raus und stöberte darin herum. In einer Tasche mit Schnappverschluß befanden sich fünfundachtzig Cents in Münzen, in dem Fach für Scheine steckten zwei Ein-Dollar- und eine Zwanzig-Dollar-Note, alle alt und abgegriffen.
Ein anderes Seitenfach enthielt ein Foto. Der Schnappschuß zeigte ein junges Paar auf den Stufen einer Veranda. Der Mann trug Anzug und Krawatte. Weiter unten auf den Stufen hockten zwei Kinder: ein kleiner Junge und ein kleines Mädchen. Das Foto wies keinerlei Unterschrift auf.
Sonst war nichts weiter im Kasten.
Bis auf die Schleuder und den Tabaksbeutel packte Ben alles wieder zurück. Dann stellte er den Kasten neben den Wasserkanister, wo man ihn finden würde, falls irgendwer hier noch jemals wieder vorbeikam. Er nahm die Schleuder wieder in die Hand, legte den Arm in der Metallverstrebung zurecht und prüfte noch einmal ihre Wirkungskraft.
Ich muß damit üben, beschloß er. Wenn ich Zeit finde, muß ich lernen, mit diesem Ding umzugehen. Aber als erstes muß ich Wasser finden. Wenn mir das nicht bald gelingt, brauche ich auch kein Schleuderschießen mehr zu üben.
Dazu wäre es dann zu spät.

5

Die Hoffnung, Wasser zu finden, hatte er aufgegeben. Er stand am äußersten Ende der Klippe und überlegte bitter, daß sich sogar die Dickhörner gegen ihn verschworen hatten. Die mächtigen Schafe hatten einen ausgetretenen Pfad oben auf dem Kamm hinterlassen, dem er sogar im schwachen Licht vor Morgengrauen hatte folgen können. Eine solche Fährte hätte zu einer Wasserstelle führen müssen, doch statt dessen führte sie bis an den Klippenrand und hörte dort auf: ein Zeichen, daß sich die Herde in alle Richtungen verstreut hatte.
Eine Finte, dachte Ben. Wie Madec spielten sie mit ihm, wollten seinen Tod.
Ohne Wasser gab es keinen fairen Wettkampf. Madec brauchte ja einfach nur die paar verbleibenden Stunden abzuwarten.
Zum ersten Mal packte ihn tiefe, beinahe lähmende Angst. Das war nicht die jähe Furcht, die ihm den Mund ausdörrte und die er gefühlt hatte, als er Madec den Rücken gekehrt hatte und damit rechnete, daß ihn eine Kugel hinterrücks niederknallte. Diese Angst steckte tief in ihm, eine riesige dunkle Drohung. Eine böse Vorahnung.
Und dann, als die ersten Sonnenstrahlen um den Fuß des Felsens spielten, entdeckte er das Wasserbecken. Es war nur klein, eine ausgehöhlte Vertiefung im Felsen, vielleicht drei Meter im Durchmesser und, wie er schätzte, nicht tiefer als einen Meter, einen Meter zwanzig. Ringsumher gab es lauter Dickhornspuren. Um an das Wasser zu gelangen, hatten die Schafe den Sand aus der Mulde gescharrt, so daß er sich jetzt fächerförmig um den Beckenrand häufte.
Als Ben hinuntersah, schien die dunkle Angst in ihm etwas nachzulassen, ein wenig zurückzuweichen. Kaum fünfzehn Meter ent-

fernt gab es Wasser. Nicht viel, denn das Becken war klein und seicht, und die Dickhörner hatten sich schon drüber hergemacht. Aber der Sand wies noch genug Feuchtigkeit auf. Außerdem verfügte er über besseres Werkzeug als die Dickhornschafe. Seine Hände waren beweglicher als ihre Hufe, konnten bessere Arbeit leisten. Mit den Händen konnte er den Sand aus dem natürlichen Becken schaufeln, das sich durch allmähliche Abnützung im Felsgestein gebildet hatte. Aus jeder Handvoll Sand mußte er dann die Feuchtigkeit herauspressen, bis er, wenn aller Sand ausgeschöpft war, ein wenig bitterschmeckendes, schlammiges Wasser erhielt, das sich dort aus den Regenfällen von vor einem Monat angesammelt hatte.

Um an das Becken zu kommen, konnte er entweder die etwa dreieinhalb Meter hohe Klippe hinabsteigen oder oben den Grat weitergehen, bis er wieder ins Bergmassiv überging und dort in einem weniger steilen Hang abfiel. Normalerweise wäre die Entscheidung ganz einfach gewesen. Jetzt zögerte er lange, schätzte die Entfernungen mit den Blicken ab und verglich sie mit seinen Schmerzen.

Über den Rand der senkrecht abfallenden Klippe sah er unten wirres Geröll, spitze, lose Steine, über die die Dickhörner frischen Sand verspritzt hatten. Sich an den Händen hinunterzulassen und die letzten anderthalb Meter zu springen, würde ihm ziemlich wehtun und seinen bereits zerschundenen Fußsohlen neue Schnittwunden hinzufügen.

Andererseits war der Weg über den Grat, dann bergab und zurück zur Wasserstelle lang und beschwerlich. Ein zeitraubender Marsch. Und da die Sonne schon über den Bergen im Osten stand, blieb ihm nicht mehr viel Zeit, bis er ihre volle Hitze zu spüren bekam.

Oben von der Klippe aus konnte er den Jeep unten am Fuß des Bergmassivs parken sehen. Daneben hatte Madec ein säuberliches Lager errichtet, hatte das Zelt aufgeschlagen und den Sonnenschutz vorgespannt. Von ihm selbst war nichts zu sehen, aber er konnte ohne weiteres in einem bequemen Klappstuhl aus Segel-

tuch unter dem schattigen Sonnenzelt sitzen und ihn beobachten.
Ben ließ sich auf Hände und Knie nieder, ließ sich über die Felskante gleiten und bremste den Schwung nach unten mehr mit Beinen und Knien ab, als mit seinen verletzten Füßen.
Selbst, als er sich schon an den Händen vom Rand der Klippe herunterhängen ließ, zögerte er noch. Bei dem Gedanken, wie seine Füße auf den Steinen unten auftrafen, blieb er wie an der steilen Wand festgeklebt.
Irgend etwas klatschte mit scharfem, sprödem Knall gegen die Felswand. Eine kleine Staubwolke mit deutlich erkennbaren Felsenbröckchen löste sich aus der flachen Klippe, blieb sekundenlang in der Luft hängen und verteilte sich dann.
Ben wußte, daß er getroffen war, noch ehe er sich fallen ließ. Dabei kam es ihm fast so vor, daß er etwas abbekommen hatte, noch bevor er den Knall hörte und die Staubwolke gesehen hatte. Aber so konnte es natürlich nicht gewesen sein.
Etwas hatte ihn oberhalb der Wange getroffen; so heftig, daß es ihm den Kopf zur Seite schlug, aber doch nicht mit der Wucht einer Gewehrkugel.
Im Fallen überlegte er, daß es entweder ein Steinsplitter aus der Felswand gewesen sein mußte, den die Kugel herausgebröckelt hatte, oder ein Teil der Kugel selbst, die zerschmettert zurückgeprallt war.
Dann — immer noch im Fall — hörte er das Krachen der Flinte. Madec schoß mit der Hornet auf ihn, nicht mit der .358er.
Im Jeep gab es einen Kasten mit hundert Patronen für die Hornet. Madec war mit fünfundzwanzig Schuß Patronen für das große Gewehr aufgebrochen und hatte davon jetzt vielleicht noch ein Dutzend übrig.
Bei der ersten Berührung mit dem Boden federte Ben so tief in die Knie, daß er wie zusammengeklappt landete und mit den Händen etwas von dem Aufprall abfangen konnte.
Vor Schmerz stöhnte er laut auf.
Das Blut, das ihm plötzlich über die Brust sickerte, machte ihn erst auf das Brennen in seiner Wange aufmerksam. Er fühlte sie

sanft mit den Fingerspitzen ab, konnte aber nur eine zwei Zentimeter lange Schnittwunde direkt unter dem Auge feststellen. Seine Füße hatten ebenfalls frische Schnittwunden davongetragen; die eine, dicht am Knöchel, blutete ziemlich schlimm.
Auch in seiner kauernden Stellung konnte er das Lager unten gut überblicken und sah jetzt, daß Madec hinten im Jeep kniete und die Hornet quer über das Zeltleinwand-Verdeck angelegt hatte. Ben empfand eine überwältigende Mutlosigkeit, als er sich mit den Händen hochstemmte und endlich aufrecht stand. Von hier aus konnte er nicht ausmachen, ob das Auffangbecken noch in Sichtweite des Zielfernrohrs der Hornet lag. Aber, als er darauf zusteuerte, hatte er das eigenartige Gefühl, nicht entrinnen zu können. Das Becken würde in klarer Sichtweite liegen, ganz eindeutig im Schußbereich. Das wußte er genau.
Diesmal pfiff die Kugel so dicht an ihm vorbei, daß er nicht nur das scharfe Klicken vernahm, das sie im Vorbeifliegen machte, sondern auch den eigentlichen Einschlag in den Felsen hinter ihm. Dann erst kam das Krachen der Flinte gemächlich auf ihn zugerollt.
Wollte ihn Madec denn wirklich so ruhig und mit voller Absicht abknallen?
Er beschloß, das herauszufinden.
Ohne auf seine schmerzenden Füße zu achten, schnellte er vor und rannte, so schnell er konnte, zum Wasserbecken hinüber.
Kleine, durchdringende Explosionen prasselten den ganzen Weg über vor ihm her gegen die Felsen. Die Schüsse verfehlten ihn nur um Zentimeter.
Der Mann war ein guter Schütze, der sehr genau auf sein Ziel vorhielt.
Ben warf sich auf den Bauch. Das Becken lag auf dem Boden einer kleinen Vertiefung, und wenn er sich flach in diese Richtung ausstreckte, konnte Madec ihn vielleicht nicht mehr sehen.
Es wurde drüben in der Wüste still, als Ben Zentimeter um Zentimeter vorwärtskroch und mit bloßen Ellbogen die Steine aus dem Weg räumte.

Die Kugel schlug unmittelbar vor seinem Gesicht ein, spritzte ihm brennenden, trockenen Staub in die Augen, der nach Ozon roch.
Ben schob sich weiter bis zum Beckenrand vor.
Die Kugel jagte die Steine direkt unter seinen Fingern in die Luft.
Madec stand jetzt auf der Motorhaube des Jeeps, den Arm im Gewehrriemen.
Das war weniger sicher, als den Gewehrlauf auf dem Jeepverdeck abzustützen. Dabei konnte er nicht so ruhig zielen. Nur ein kleiner Windstoß, das leichte Zittern eines Herzschlags, und die Kugel würde ihn, ob Madec es nun wollte oder nicht, treffen. Vor ihm zerbarst plötzlich ein Stück Quarz in tausend Splitter und überschüttete ihn mit blitzenden Kristallen.
Auch wenn er nicht unmittelbar von einer Kugel getroffen wurde, konnten ihm die umherschwirrenden spitzen Steinsplitter die Augen ausschlagen.
Er wälzte sich auf den Rücken und setzte sich hoch, mit fuchtelnden Armen. Dann kam er auf die Füße.
Er zuckte hilflos die Achseln, drehte dem Auffangbecken den Rücken zu und ging, indem er genau auf den Weg achtete, langsam zurück.
Als er die Anhöhe zum Grat wieder erstieg, studierte er die Dickhornspuren und hoffte, auf eine neue Fährte zu stoßen, die ihn zu einer anderen Wasserstelle führen würde. Aber bis auf die Fährte, der er gefolgt war, fand er nur Anzeichen von ziellosem Hin- und Herwandern.
Kurz unterhalb des Gipfelkamms setzte er sich in den Schatten auf der Westseite eines Felsvorsprungs. Mit den Fingern stellte er fest, daß sein Gesicht nicht mehr blutete. Aber das Fleisch um die Schnittwunde tat jetzt weh, und er fühlte, wie es anschwoll. Seine Füße waren schlimm zugerichtet; die alten Wunden waren aufgebrochen, die frischen bluteten noch.
Die trägen kleinen Wüstenfliegen begannen ihn zu umschwirren und zu einer rechten Plage zu werden. Dumm, wie sie waren, stürzten sie sich in den eigenen Tod — doch, wenn man sie tot-

schlug, schienen sie sich nur noch zu vermehren. Sie krabbelten in seinen Wunden herum, oder hockten einfach da, putzten sich die Flügel oder vermehrten sich sogar, huschten in seinem Blut herum, und er konnte kaum etwas dagegen tun. Sie hatten sich häuslich bei ihm eingenistet.

Der Jeep bewegte sich. Ihm selbst kam es so vor, als ob die hellbraune Staubwolke das weiße Fahrgestell des Jeeps holpernd über den Wüstensand vorwärtstrieb. Ungefähr anderthalb Kilometer von den Bergen hier entfernt stand ein vereinzelter, alter und verwitterter Restberg, der sich steil von einer niedrigen Geländestufe erhob. Ben beobachtete, wie Madec den Jeep den abgeschrägten Hang der Geländestufe hochquälte, und, oben angelangt, den Wagen so wendete, daß er zu ihm hinüber zeigte. Madec stieg aus. Obwohl Ben nicht genau verfolgen konnte, was er machte, schien es ihm, daß Madec die Gegend langsam und gründlich musterte.

Ben hatte den Restberg drüben und die eingekerbte Geländestufe im Mondlicht genau studiert, denn ihm war klar, daß sie mit ihrer Lage zu einer ernsthaften Gefahr für seine möglichen Pläne werden konnte. Dabei hatte er gehofft, daß Madec, dem sein eigener Rundblick fehlte, gar nicht auffiel, welchen Vorteil ihm die Geländestufe bot.

Kein Wunder, daß es Ben deprimierte, den Jeep jetzt dort parken zu sehen. Madec hatte sich unter das schützende Verdeck zurückgezogen, in dessen tiefem Schatten er nicht auszumachen war.

Von der Geländestufe aus konnte Madec die gesamte Südflanke von Bens kleiner Hügelkette überschauen, von ihrem östlichen bis zu ihrem westlichen Ende. Ebenso konnte er den breiten, ebenen Wüstenstreifen überblicken, zwischen Bens niedrigen Hügeln und den hohen Bergketten in der Ferne, die dieses oval geformte Wüstenbecken einschlossen.

Von Madecs günstigem Standort aus war nur ein einziger Abschnitt nicht zu kontrollieren — die Nordflanke der kleinen Hügelkette.

Jemand, der reichlich Wasser und Proviant besaß, Kleider zum

Schutz gegen die Sonne, festes Schuhwerk an heilen Füßen und eine Sonnenbrille, damit ihm die Sonne nicht die Augen ausbrannte, konnte Madec leicht entkommen. Er brauchte einfach nur die Nordflanke hinunterzusteigen und die Wüste in gerader Linie nach Norden zu durchqueren, um so die Berge zwischen sich und Madec zu haben.
Aber ein verletzter, beinahe nackter Mann, ohne Wasser, ohne Lebensmittel, konnte sich nicht in das Gebiet im Norden hinauswagen. Denn mindestens hundertsechzig Kilometer weit gab es dort nichts als offene Wüste — abgetragene, sanfte Hügel, die übersät waren mit Steinen und kleinen Felsbrocken und hier und da auch mit Ablegern der zähen und widerstandsfähigen Wüstenpflanzen.
Dort würde es keine Auffangbecken für Wasser geben. Nicht einmal Orgelkakteen wuchsen da, deren wasserspeicherndes Fleisch einen Menschen am Leben erhalten konnte, vorausgesetzt, daß es ihm irgendwie gelang, durch die dicke, lederartige Pflanzenhaut zu dringen.
Nur diese Route nach Norden konnte er einschlagen, ohne von Madec gesehen zu werden. Aber, wie die Dinge lagen — jetzt, da von seiner Achtundvierzig-Stunden-Frist bereits fast vierundzwanzig Stunden verstrichen waren — würde er nicht einmal fünfzehn der hundertsechzig endlosen Kilometer bewältigen. Offensichtlich war Madec zu der gleichen Überzeugung gelangt, denn er beobachtete ihn nur gelassen durch sein Fernglas und schien genau zu wissen, daß es für Ben nur drei Alternativen gab: Zu bleiben, wo er war, wo es zwar Wasser in der Nähe gab, das er aber wegen der Hornet nicht erreichen konnte.
Oder die Berge zu verlassen und sich nach Osten durch die Wüste zu schlagen. (Dabei brauchte Madec nicht einmal den Jeep zu starten, sondern brauchte nur auf der erhöhten Geländestufe stehenzubleiben und ruhig mitanzusehen, wie Ben draußen in den leeren hundert Wüstenkilometern zugrunde ging.
Oder hinunterzusteigen und sich nach Westen zu wenden. (Unbekleidet und ohne Wasser machten hundert Kilometer in die

49

eine oder fünfundfünfzig Kilometer in die andere Richtung kaum einen Unterschied).

Fast betäubt von den lästigen Fliegen, die über ihn herfielen, sah Ben durch das Hitzegeflimmer in der Luft zum weißen Jeep hinüber. Er schien wie auf dem Sprung — startbereit, ihn in seinem langsam knirschenden Vierradantrieb zu verfolgen.

Er versuchte sich zu erinnern, wieviel Wasser Madec noch hatte; gab es aber auf, denn er sah ein, daß es mehr als genug war, um ihn mattzusetzen.

Und das Benzin reichte, um den Jeep mindestens hundertsechzig Kilometer im Vierradantrieb und mehr als dreihundert im Zweiradantrieb umherkreuzen zu lassen. Technik, Maschinen und Proviant spielten bei diesem Duell keine Rolle. Letzten Endes waren nicht einmal Waffen entscheidend.

Als er dort in der brütenden, reglosen Hitze saß, während die Fliegen unablässig über ihn hinwegkrochen, spürte Ben, wie alles um ihn her versank.

Er dachte an die Bergungsmanöver, an denen er teilgenommen hatte. Sie hatten nach Touristen gesucht, die die Hauptautobahn verlassen hatten, um ein paar Steine zu sammeln oder ein Picknick zu veranstalten. Menschen, die es geschehen ließen, daß ihnen ein kleines Mißgeschick, wie eine Reifenpanne oder ein Achsenbruch, den Tod brachten. Er erinnerte sich an eine vierköpfige Familie, Eltern und zwei Kinder, die in der Wüste umgekommen waren. In Sichtweite der Autobahn. Diese Familie hatte alles falsch gemacht. Als ihr Wagen steckenblieb, und der Motor nicht mehr anspringen wollte, hatten sie sich von ihm entfernt, und dabei zweiundzwanzig Liter schmutziges aber immerhin trinkbares Wasser im Kühler zurückgelassen. Sie hatten den Schatten verlassen, den ihnen der Wagen hätte spenden können, hatten sich entfernt von dem weithin sichtbaren Hinweis auf eine Notlage, nach dem der Suchtrupp Ausschau halten würde. Und sie waren mitten am Tag weggegangen, in der Sonne, der mörderischen Hitze.

Als Ben sie fand und sah, wie die Mutter die Gesichter der Kinder

mit Lippenstift verschmiert hatte in dem vergeblichen Versuch, sie vor der Sonne zu schützen, hätte er fast geheult... Er war immer sicher gewesen, in dieser, ihm so wohlbekannten Wüste überleben zu können, solange er noch fähig war, sich zu bewegen. Auch jetzt konnte er sich bewegen, wenn man das Humpeln auf den zerschundenen Füßen bewegen nennen konnte. Noch vierundzwanzig Stunden lang konnte er laufen. Dann war es aus.
Die ganze Nacht über hatte er gehofft, daß Madec bei Tagesanbruch seinen verhängnisvollen Fehler einsehen würde. Daß es viel gefährlicher war, Ben hier draußen zu ermorden, als den Jagdunfall zu gestehen und es dann auf die Geschworenen ankommen zu lassen.
Jetzt mußte Ben einräumen, daß Madec, so intelligent er auch sein mochte, doch zu eitel war, um klein beizugeben. Eitel und eingebildet, von sich selbst überzeugt; davon überzeugt, den Beamten einreden zu können, daß Ben einen Menschen umgebracht hatte. Madecs Geschichte würde einfach, einleuchtend klingen: Ben hatte den alten Mann erschossen. Als er, Madec, darauf bestand, das den Behörden zu melden, hatte er versucht ihn ebenfalls abzuknallen. Aber Madec hatte sich zum Jeep flüchten können und war zurückgefahren.
Madec würde das glaubhaft darstellen, entschied Ben. Alle Einzelheiten würden übereinstimmen; möglich, daß er nicht mal davor zurückscheute, sich selbst zu verletzen, damit es noch mehr überzeugte. Bestimmt sorgte Madec dafür, daß alles Beweismaterial für ihn sprach. Der Alte — von Aasgeiern zerstümmelt, wenn man ihn endlich fand — würde wieder Kleider, Stiefel und Hut tragen. Die beiden Hornet-Kugeln würde man leicht finden.
Auch er würde wieder in seinen Kleidern stecken. Madec fand ihn gewiß, wo er zu guter Letzt zusammengebrochen war, würde ihn anziehen und ihn mit leeren Feldflaschen, einem Gewehr und Proviant versehen.
Für eine Aussöhnung war es jetzt zu spät; zu spät, einfach diesen Berg zu verlassen, zu Madec zu gehen und ihn um sein Leben zu bitten.

Er kämpfte gegen die Panik an. Solange es noch Wasser auf diesem Berg gibt, tröstete er sich, bin ich nicht verloren.
Heute nacht, wenn der Mond untergegangen ist, will ich zu dem Auffangbecken zurücklaufen, nahm er sich vor. Damit Madec mich nicht entdeckt, werde ich den ganzen Weg lang auf dem Bauch kriechen.
Aber ich werde hinkommen.
Während ihn die trockene Hitze von allen Seiten belagerte, lehnte sich Ben entspannt gegen den Felsvorsprung zurück.
Er zwang sich dazu, seine Gedanken nicht mehr sinnlos im Kreis rotieren zu lassen, ganz abzuschalten und zu schlafen.

6

Anfangs wußte er nicht, was ihn aufgeweckt hatte. Aber er fuhr angstvoll hoch, so, als ob ihm ein Feind auflauerte und ihn bedrohte.

Seine verwundete Wange war so stark angeschwollen, daß sein linkes Auge fast ganz zugequollen war und er es nicht einmal mit den Fingern weit genug aufhalten konnte, um damit zu sehen. Es war immer noch Tag. Die Sonne schien über den Bergen im Westen zu kauern; sie rutschte nicht tiefer, sondern verharrte dort und überflutete ihn mit ihrer Hitze.

Dann vernahm er das Geräusch und wußte, daß er davon aufgewacht war. Ein Klimpern, wie von Metall gegen Stein.

Er richtete sich leicht auf, wandte den Kopf dem Geräusch zu und drehte sich so weit um, daß er mit dem rechten Auge nach unten schielen konnte.

Er sah von Madec nichts weiter als Kopf und Schultern und konnte nicht erkennen, was er unternahm. Deshalb stemmte er sich höher, wobei ihm der Schmerz in den Beinen pochte, und peilte um den Felsvorsprung.

Jetzt konnte er Madec ganz deutlich sehen. Die schwere Magnum lehnte nicht weit von ihm entfernt an der Felswand, während Madec mit der kurzstieligen Schaufel aus dem Jeep herumhantierte, das modische Buschhemd ganz dunkel von Schweiß.

So eine Frechheit! Es war zum Aus-der-Haut-fahren! Und Ben ertappte sich bei einer sonderbaren, kindischen Schwäche: tu das nicht, flehte er stumm. Nur das nicht...

Madec hatte fast den ganzen Sand aus dem Auffangbecken geschaufelt und hob jetzt den matschigen Rest heraus. In der Sonne wirkte das sandige Wasser stumpf und grau, als es von der Schaufel schwappte und auf den kahlen, abschüssigen heißen Stein hin-

unterklatschte. Während es in seichtem Strom über den Fels rann, verdunstete es bereits.
Madec schaufelte und schöpfte alles heraus, bis die Mulde leer war. Um sie herum trocknete der Sand rasch im schwindenden Tageslicht, und seine beinahe schwärzliche feuchte Masse nahm das blasse Braun des Wüstensands an.
Indem er den Fels mit den Händen packte, um seine Füße zu entlasten, verzog sich Ben wieder hinter den Vorsprung und setzte sich langsam hin. Seine letzte Hoffnung auf ein Wunder war jetzt zunichte gemacht. Was blieb, war ein unheimlicher Gedanke, bei dem es ihm kalt über den Rücken lief. Er und dieser Mann Madec unauflösbar miteinander verbunden, aneinandergekettet in diesem Kampf ums nackte Dasein. Einem Kampf bis aufs Messer, ohne Rücksichtnahme, ohne Spielregeln, ohne sportliche Fairneß und ohne zivilisiertes Benehmen.
Madec konnte nicht von ihm lassen. Dazu hatte sich ihr Kampf zu sehr zugespitzt. Andererseits konnte Ben auch nicht fliehen. Ohne Wasser schaffte er es nicht durch die meilenweite, öde Wüste, und auch mit Wasser würden seine Füße diese Entfernung nicht aushalten. Nach fünfzehn Kilometern hätte sich ihr Fleisch bis auf die Knochen abgewetzt.
Der Jeep war der Schlüssel zur Rettung. Wer den Jeep hatte, konnte überleben, der andere würde umkommen. Der Jeep bedeutete Wasser, Schutz, Proviant, Vorwärtskommen, Verbindung zur Außenwelt, Waffen und Bequemlichkeit. Mit dem Jeep konnte der eine Mann den anderen töten.
Und Madec besaß den Jeep.
Ben beobachtete, wie Madec zum Jeep zurückkehrte, das Gewehr über der Schulter, die Schaufel schlenkernd in der Hand. Er wirkte so selbstzufrieden, so munter in seinem Cowboy-Hut mit der aufgeschlagenen Krempe. Ein paarmal schon war Ben in Lebensgefahr gewesen. Auf der Autobahn, auf einer hohen Klippe, einmal in einem Hubschrauber, als der Rotor eine Baumkrone streifte. Die Nähe des Todes hatte sich in Zentimetern oder Sekunden messen lassen, und der Tod war an ihm vorübergegangen, ehe

ihm noch richtig bewußt wurde, wie knapp er davongekommen war. Die Angst hatte damals immer erst eingesetzt, als die Gefahr schon vorbei war, und er sich, wieder in Sicherheit, ausmalte, was hätte passieren können.
Jetzt war es anders. Der Tod belauerte ihn, und das wußte er. Nur, jetzt hatte er Zeit: Er konnte hier sitzenbleiben und darüber nachdenken, miterleben, wie er langsam Minute für Minute, Stunde für Stunde näher schlich.
In Mund und Kehle spürte er den Tod als ein merkwürdiges Ausgedörrtsein, das sich durch nichts anfeuchten ließ und das auch sein Speichel nicht mildern konnte. Er fühlte das Ende in seiner geschwollenen Zunge, die sich in den Rachen zurückgezogen hatte und ihn mit ihrer trockenen Masse zu ersticken schien.
Noch zwanzig Stunden?
Oder waren es jetzt nur noch neunzehn?
Die Sonne war endlich dabei, hinter den hohen Bergen im Westen unterzugehen. Wie eine hilfreich ausgestreckte Hand bewegte sich ein langer, rechteckiger Schatten unaufhaltsam durch die Wüste auf ihn zu. Ben folgte der Bewegung des Schattens mit den Augen.
Vor dreihundert Millionen Jahren hatte der Platz, auf dem er jetzt saß, auf dem Grund eines Binnenmeers gelegen, und das Plateau am Fuß der Berge war ein ausgedehntes, von merkwürdigen Riesenfarnen und Moosen bedecktes Flachmoor gewesen. Dann waren die ersten Wirbeltiere aufgetaucht, seltsame Fische, und noch später wimmelte es von Reptilien in den Sümpfen. Zu jener Zeit hatten die stürmischen Vulkanausbrüche mit ihren gewaltigen Lavaströmen und dem Auftürmen von Bergen durch die fast flüssige Erdoberfläche nachgelassen. Das Klima hatte sich abgekühlt. Die ganze nördliche Hemisphäre lag unter einer soliden Eisschicht von mehreren tausend Metern.
Vor zweihundert Millionen Jahren waren dort, wo jetzt der Jeep hielt, Dinosaurier umhergezogen, und sechs Millionen Jahre später waren Königssaurier, Echsen von sechs Meter Höhe mit furchterregenden Klauen und Zähnen, durch jenes Gebiet gestreift, das,

bei kühlem, regnerischen Klima damals fast ausschließlich aus Sumpfland bestand.

Und dann, vor ungefähr sechzig Millionen Jahren, hatte sich die Erde hier wieder heftig geregt. Die ganze Kette der Rocky Mountains war herausgestülpt worden, Vulkane waren ausgebrochen und wieder erloschen und dann von Wind und Wasser abgetragen worden. Damals war das Klima mild und freundlich gewesen; die ersten Pferde waren erschienen, kaum größer als Dachschunde und eher mit Zehen als mit Hufen.

Zu irgendeinem Zeitpunkt im Lauf dieser turbulenten Vorzeit hatte sich, ungefähr zehn Kilometer von Bens Platz entfernt, ein Vulkan erhoben. Das Gestein, von der intensiven Hitze im tiefen Erdinnern geschmolzen, war mit unvorstellbarem Druck hochgepreßt worden und hatte an jener Stelle die kühle Erdkruste durchbrochen.

Dieser Gesteinsschmelzfluß, Magma genannt, war mit ungeheurer Gewalt hochgeschleudert worden und hatte eine Steinfontäne in den Himmel emporgeschossen, die so heiß war, daß sie sich wie Wasser ergoß. Genau wie Wasser war dann auch das Gestein um die Bodenvertiefung zurückgefallen, und allmählich hatte sich aus der abgekühlten Masse ein Wall geformt, der sich Schicht um Schicht zu einem kegelförmigen Vulkan aufbaute.

Und noch während sich dieser Vulkan aus der zuvor geschmolzenen Gesteinsmasse bildete, wurde weiterhin Magma aus dem Erdinnern hochgestoßen, nicht nur um das Loch im Boden, sondern auch durch den Krater des Vulkans.

Nach und nach, während der Druck im Erdinnern nachließ, füllte ein massiver Steinkegel das Loch im Berg aus. Dieser Kern, der sich langsamer abkühlte als die allseitig der Außenwitterung ausgesetzte Lava, wurde aus einem härteren, kompakteren Gestein, nämlich Basalt, gebildet.

Dann erlosch der Vulkan, und der Wind, der winzige Sand- und Bimssteinkörnchen von anderen Vulkanen vor sich hertrug, fing an, die kegelförmigen Flächen abzutragen; und der Regen wusch die Vulkanhänge mit der Zeit aus; und der Frost, der das in den Ritzen zurückgebliebene Wasser gefror, zerfraß und zersplitterte die Oberfläche des Berges. Dann erhob sich ein Meer und nagte plätschernd an der Spitze des Basaltkerns. Bis schließlich von dem ganzen hohen, kegelförmigen Lavaberg nur noch dieser Kern übrigblieb — der innere Keil des Vulkans. Er ragte steil aus der ebenen Wüste empor, aufrecht und schlank. Ein Überbleibsel aus jener stürmischen Urzeit. Ein Gedenkstein.

Und sein Schatten winkte Ben jetzt zu, sein Umriß begann in seinen Gedanken zu spuken. Ben schätzte den alleinstehenden Restberg auf eine Höhe von einhundertzwanzig Metern und einen Umfang von achthundert Metern. An einigen Stellen waren riesige, glattflächige Steinplatten herausgebrochen, die jetzt am Fuß des Berges im Wüstensand verstreut lagen und dort ein Feld aus Trümmergestein — eine Brekzie — bildeten. Durch das Absplittern dieser dünnen Gesteinstafeln waren stufenartige Simse in den Felswänden des Restbergs zurückgeblieben. Andere Witterungseinflüsse, wie die Kälte der Eiszeit, hatten die Gesteinsoberfläche angegriffen und lange, senkrechte Risse und Spalten in den Wänden zurückgelassen.

Der Gipfel des Restbergs war zu einem flachen Plateau abgetragen worden.

Dieses Steindenkmal bot wenig, was für Tiere von Interesse gewesen wäre; keine Vegetation für die Dickhörner und damit auch keine Kadaver für die Kojoten; auch der Silberlöwe hatte keinen Grund, dort auf der Lauer zu liegen. Vielleicht machten Aasgeier dort hin und wieder Rast, vielleicht durchforschten Schlangen die Risse nach Eidechsen und Ratten. Aber jenes Denkmal aus Stein mochte kaum einem Tier als Heimstätte dienen.

Am frühen Morgen war der Restberg in schönes Kupferrot getaucht gewesen und hatte an den Stellen, wo die Platten herausgebrochen waren, fast golden gewirkt. Jetzt, im Gegenlicht, erschien die Ben zugekehrte Wand in tiefdunklem Purpur.

Mit dem einen, sehtüchtigen Auge studierte Ben den Restberg und den Wüstenboden um ihn herum. Er untersuchte die ganze

übrige Landsehaft, die vom Regen eingekerbten Arroyos, Bergspitzen, kleine Tafelberge und andere vereinzelte Restberge.
Der, dessen Schatten sich zu ihm hinstreckte, war von allen der majestätischste, und, als jetzt die Sonne hinter ihm versank und der Berg und sein Schatten miteinander verschmolzen, schien er sich fast auf Ben zuzubewegen.
Dann verschwand die Sonne völlig hinter dem Restberg und verwandelte ihn in einen finsteren Turm.
Plötzlich war es, als ob ein einziger, funkelnder Sonnenstrahl mitten durch den massiven Fels des Restbergs brach. Er blinkte nur einen Moment lang, dann erschien der Stein wieder schwarz und undurchdringlich.
Mehr brauchte Ben nicht zu sehen.
Einen Augenblick lang triumphierte er, denn jetzt war ihm klar, wohin er gehen würde.
Er wandte den Kopf und sah auf Madec hinunter. Die ganze Wüste war in sanftes rotes Licht getaucht. Sogar der weiße Jeep schimmerte jetzt rosa, und Madec schien als winzige, rot-getönte Gestalt in seinem Lager hin- und herzuhuschen. Die Dunkelheit brach nur langsam herein, während Ben dasaß und wartete. Schließlich aber war die Abenddämmerung verblaßt, der mondlose Himmel wurde dunkler, und die Sterne krochen heraus.
Er griff nach Schleuder und Lederbeutel und kam mühsam auf die Beine. Dann brach er auf, stieg die nördliche Bergflanke hinunter, wo ihn Madec nicht sehen konnte.
Er war nicht weit gekommen, als Zweifel an ihm zu nagen begannen. Die Schmerzen, wenn sich die Steine in seine Fußsohlen bohrten, wurden immer schlimmer, raubten ihm den Atem, und er konnte nicht vorausberechnen, wann ihm die nächste scharfe Kante neue, rasende Schmerzen zufügen würde.
Doch als er dann endlich den dunklen Umriß des mächtigen Kandelaber-Kaktus vor sich im Sand ausmachte, der von jüngeren Kakteen wie von stummen, unbeweglichen Wächtern umgeben war, wurde ihm das Gehen leichter und die Schmerzen weniger heftig.

Sei bloß hier, kleiner Gilaspecht, flehte Ben. Such dir diesen Platz doch aus! Bau dein Nest hier! Ich brauche dich.

Oft hatte er sich gereizt gefragt, wieso ein Specht so viel weitblickender als ein Mensch sein konnte. Denn der Gilaspecht war nicht so dumm, einen großen Kandelaber-Kaktus abzutöten. Wie der Mensch hinterließ auch der Vogel seine Spuren auf dem Riesenkaktus, aber, im Gegensatz zum Menschen, zerstörte er ihn nie.

Ein zehnjähriger Kandelaber-Kaktus ist nicht größer als ein Fußball. Mit einundzwanzig ist er so groß wie ein Mensch. Nach fünfundsiebzig Jahren in der rauhen Wüste hat er eine Höhe von zweieinhalb Metern erreicht und bleibt immer noch ein Zwerg unter seinen älteren Artgenossen. Denn erst nach zweihundert Jahren ist diese Kakteenart voll ausgewachsen und erhebt sich fünfzehn Meter hoch über dem Wüstenboden. Ein gewaltiges, stachliges Gewächs, die starken Arme wie zum Gebet hochgereckt.

Ritzt ein Mensch seine Initialen in die Rinde eines Kandelaber-Kaktus — Initialen, die kein anderer Mensch vermutlich jemals wieder ansehen wird — kann er dazu beitragen, daß sich dieser zweihundert Jahre alte Riese buchstäblich zu Tode blutet.

Und genau das haben viele Menschen getan. Anders der Gilaspecht. Er weiß genau, wann es zu unsicher ist, in einem Kandelaber-Kaktus zu nisten. Nie wird der das Gewächs während der Regenzeit verletzen, denn er kleine Vogel ist von dem Kaktus abhängig und will ihn nicht beschädigen.

Dann aber, wenn der Nestbau keinen Schaden anrichtet, pickt der Specht ein kleines rundes Loch durch die rauhe Kaktushaut und gräbt sich in das fleischige, saftige Innere. Dort höhlt sich der Vogel sein Nest aus, und bald darauf überzieht die Pflanze die Nestwände mit einem festen, trockenen, korkartigen Verputz. Dadurch verhindert sie nicht nur, daß ihre eigene Feuchtigkeit ausläuft, was ihr Tod wäre, sondern sorgt auch dafür, daß das Nest für die kleinen Baby-Gilaspechte trocken und behaglich bleibt.

In einer alten flanze Pfinden sich Dutzende dieser Nester, die auch nach dem Tod des Kaktus' zurückbleiben und dann trockenen, formlosen Stiefeln ähnlich sehen.
Der Mond stieg gerade hoch, als Ben den alten Kaktus erreichte, der schon seit langem abgestorben jetzt auf der Seite im Wüstensand lag. Nichts weiter war von ihm übriggeblieben als ein zylindrisches Gerüst aus — wie es beim ersten Mondlicht schien — langen, schlanken Angelruten. Diese Hohlrippen hatten einst der Wasserspeicherung gedient, die das Wasser fast genauso schnell hochpumpten, wie es von den Wurzeln aufgenommen wurde, die sich oft bis zu zwanzig Meter im Umkreis der Pflanzen ausdehnten.
Jetzt knackten die strohtrockenen Rippen, als er sie zur Seite bog und eins der Spechtnester heraushob, ein derbhäutiges, kürbisförmiges Gebilde mit einem Loch an einem Ende.
Zwei Nester zog er zwischen den ausgedörrten Rippen von, und, nachdem er sie erst ausgeschüttelt hatte, um sie vor möglichen Skorpionen zu befreien, setzte er sich in den Sand und streifte sie über die Füße. Es war eine schmerzhafte Angelegenheit. Doch als seine Füße erst einmal in den Nestern steckten, ließen die Schmerzen nach. Als er aufstand, wußte er, daß er bereits mit diesem geringen Schutz weiterlaufen konnte.
Lange würden sie allerdings nicht halten, denn der Kork war brüchig und dünn. Doch wenn er behutsam auftrat, auf den Weg achtete, die Fußsohlen flach aufsetzte und sie senkrecht anhob, würde er damit vorwärtskommen.
Er holte noch die fünf restlichen Nester heraus, trug sie auf den Armen vor sich her und begann in Richtung Westen loszumarschieren.
Ein Nest nach dem anderen lief er auf seinem Marsch nach Westen durch, während das Mondlicht jetzt voll über der Wüste lag und über die Entfernungen hinwegtäuschte.
Die Yucca, auf die er gelegentlich stieß, ließ Ben links liegen, denn er hoffte, den hohen Blütendocht einer Rauhschopf-Pflanze zu entdecken, der sich zwei bis zweieinhalb Meter über den unteren, gedrungenen Pflanzenkörper erhob.

Schon hatte er fast die Hoffnung aufgegeben, einen Rauhschopf zu finden und wollte gerade — inzwischen, da das letzte Nest durchgescheuert war, wieder barfuß — auf eine Yucca zusteuern, als er weiter rechts den hohen Docht bemerkte. Der Blütenstiel stand aufrecht und unbewegt und hatte die Form einer übergroßen Flaschenbürste.

Weder der Rauhschopf noch die Yucca sind Kakteen, sondern gehören zur Familie der Liliengewächse. Immerhin haben die Blattspitzen des Rauhschopfs nicht den tückischen Dorn, der der Yucca den Namen ‚Spanisches Bajonett' eingetragen hat, und seine Blätter sind außerdem derber.

Die Pflanze war jung und kräftig, und Ben machte sich an die Arbeit. Er riß einige ältere Blätter ab, setzte sich damit hin und entfernte ihre äußeren Ränder, die der ganzen Länge nach mit Stacheln versehen waren und so etwas wie ein zweischneidiges Sägeblatt bildeten.

Nachdem er die scharfen Kanten abgelöst hatte, nahm er sich das Blatt vor, riß zentimeterbreite Streifen ab und legte sie auf einen Haufen. Als er davon genug hatte, teilte er frische Blätter in breitere Streifen, flocht sie übereinander und schnürte Lage auf Lage mit den dünneren Faserstreifen zusammen. Als das fußförmige Polster zwei Zentimeter dick war, flocht er die dünnen Bänder darüber und schichtete dann noch mehr von dem Blattgeflecht darauf.

Zum Schluß hatte er zwei unförmige Sandalen mit dicken Sohlen und Schnürsenkeln aus Blattfasern, die er sich um Füße und Fußgelenke festband.

Das Laufen damit tat ziemlich weh, aber lange nicht so sehr, wie barfuß über die Steine zu gehen.

Er sammelte sich noch mehr Blätter und bündelte sie zusammen. Er trug das Blätterbündel an einem schmalen Streifen zusammengeknotet und setzte sich wieder in Marsch.

Er ging weiter nach Westen, auf den Restberg zu.

Der Mond verblaßte mittlerweile langsam, und die Nacht war schon weit vorgerückt.

Zu den Schmerzen an seinen Füßen gesellte sich quälender Durst. Seine Zunge war völlig trocken, schien ihm an manchen Stellen wie aufgesprungen. Sie füllte seinen ganzen Mund, ein steifer, geschwollener Kloß, der gegen die Lippen drängte. Seine Kehle war ausgedörrt, fühlte sich wie mit Staub überzogen an; die Schmerzen durchfuhren sie in langanhaltenden, pochenden Schlägen, von denen einer immer heftiger als der vorhergehende war.
Im fahler werdenden Mondlicht dünkte ihm der Restberg genauso weit weg wie die hohen Berge in der Ferne, und auch sein Schatten fiel nicht mehr über die Wüste. Dort, noch immer weit entfernt, erhob er sich stumm und irgendwie verdrießlich in der Einöde. Er wirkte düster und bedrohlich, abweisend.
Ab und zu mußte er anhalten, um die Faserriemen zu erneuern, die immer wieder rissen, und stellte dabei jedesmal fest, wie die geflochtene Blätterschicht zwischen seinen Füßen und den Steinen ständig dünner wurde.
Bei der nächtlichen Kühle hatte er eigentlich gehofft, besser voranzukommen. Doch mittlerweile war ihm klar, daß er froh sein konnte, wenn er das Geröllfeld bei Tagesanbruch erreichte.
Bei diesem schleppenden Tempo konnte er ebensogut noch die Wüste durchqueren und dabei Madec mit seinem günstigen Beobachtungsposten auf der Geländestufe eine perfekte Zielscheibe bieten. Andererseits war nichts damit gewonnen, jetzt wieder kehrtzumachen und in die Hügel zurückzusteigen. Dort würde er genauso unausweichlich den Tod finden wie in jenem Geröllfeld. Es gab nur eins: weiterzugehen. Aber nicht in diesem müden Tempo.
Er nahm alle Willenskraft und seine ganze Energie zusammen und setzte sich mühsam in Trab.
In den plumpen, auf- und abklatschenden Sandalen lief er unbeholfen, das Blätterbündel schlug hin und her, und die Steinschleuder schwang im Mondlicht.
Falls ihn Madec vom Jeep aus beobachtete, mußte er ihm ein jammervolles Bild bieten: Ein nackter Mensch, der im Mondschein mitten durch eine öde Wildnis um sein Leben rannte.

7

Als Ben unten am Fuß des Restbergs stand, haßte er ihn von ganzem Herzen. Der schwarze Steinpfeiler ragte steil in den sternenerleuchteten Himmel, erhob sich aus der steinübersäten Wüste, als ob er mit einem solchen Fleck Erde nichts zu schaffen haben wollte. Der Stein des Bergs fühlte sich warm und glatt an. Genauso unzugänglich, wie die Stahltür zu einer Grabkammer. Die senkrechte Wand schien weder Riß noch Spalte aufzuweisen, nichts was Hand oder Fuß Halt bieten könnte. Weiter oben ließ sie sich offensichtlich leichter erklimmen, doch hier unten am Fuß konnte Ben keinen Ansatzpunkt finden, sah keine Möglichkeit, sich die untersten paar Meter der glatten, schwarzen, schweigenden Felswand hochzuarbeiten.

Er war um den ganzen Restberg herumgegangen, hatte gehofft, auf der anderen Seite und damit außer Sichtweite des Jeeps, einen Aufstieg zu finden. Aber die andere Wand war sogar noch glatter als diese und ließ nicht die Andeutung einer Felsritze unter fünfzehn Metern vermuten. Hier, im unmittelbaren Blickfeld des Jeeps, den er gerade noch auf der Geländestufe erkennen konnte, gab es etwa dreieinhalb oder vier Meter über ihm ein Gesims oder eine vorspringende Gesteinsschicht oder eine Spalte — im Sternenlicht war schwer auszumachen, was es nun war, aber er konnte ohnehin nicht so hoch kommen. Er hatte die ganze Wand nach irgendeiner Ritze, einem Halt abgetastet; vergeblich.

Unter normalen Umständen hätte er mit einiger Anstrengung das Gesims dort oben erreichen können. Doch Ben merkte jetzt, daß sein Durstzustand sich dem letzten Stadium näherte. Er war ganz geschwächt und die Schwindelanfälle häuften sich. Seine Zunge pellte sich ab, und von allen Schmerzen spürte er den in den Lippen am heftigsten.

Die ersten Symptome des Verdurstens waren beim Laufen aufgetreten. Dabei hatte er einen jähen Kräfteabfall verspürt, eine so starke Mattigkeit, daß er das Gefühl hatte, keinen Fuß heben und vor den andern setzen zu können. Selbst im Laufen, wo er wußte, daß sein Leben davon abhing, war ihn ein Verlangen nach Schlaf überkommen — mitten im Laufen einzuschlafen, egal wo, egal wie, einfach nur zu schlafen.

Als er sich daranmachte, jetzt auf jenen schmalen Sims hochzukommen, kam ihm dies sonst so einfache Unternehmen als unüberwindliches Hindernis vor. Denn er mußte sich dabei nicht nur körperlich anstregen, sondern auch gegen Müdigkeit und Panik ankämpfen. Ben wußte, welche Symptome sich als nächste einstellten. Nach der Mattigkeit, dem Schlafbedürfnis und dem sonderbaren Mangel an Hunger, fängt ein Mensch, der verdurstet, an, unter Schwindelanfällen zu leiden. Er übergibt sich, hat rasende Kopfschmerzen. Alles tut ihm weh. Zum Schluß überkommt ihn ein unerträglicher Juckreiz, der jeden Zentimeter seiner Haut ergreift und bis zu seinem Ende nicht mehr aufhört. In diesem Stadium wird ein Mensch von quälenden Halluzinationen heimgesucht; er sieht Wasser zum Greifen nahe vor sich, weiß, daß es da ist und schöpft dann, wie so viele vor ihm, trockenen Sand mit den Händen hoch, versucht ihn zu trinken.

Ben hoffte, mit den physischen Symptomen fertigzuwerden, aber er hatte Angst vor den Halluzinationen; Angst, sie nicht wahrzunehmen, wenn sie ihn übermannten, Angst, sie nicht aufhalten zu können oder während dieser Anfälle von Sinnestäuschungen nicht mehr vernünftig handeln zu können.

Was für ein jammervoller Anblick, wie er sich dort nackt am Fuß des aufragenden Felsenmonuments abmühte. Er brauchte seine ganze Kraft, um kleine Felsbrocken aufzuheben, die er normalerweise wie Kieselsteine weggeschleudert hätte. Taumelnd schleppte er jeden einzelnen Stein an den Sockel des Restbergs, wo er einen kleinen Steinhaufen aufschichtete.

Als er den Stapel für hoch genug hielt, ruhte er sich einen Moment aus und bereitete sich innerlich vor. Da er befürchtete, wenn er sich erst setzte, nicht wieder hochzukommen, lehnte er sich nur schlaff gegen die Felswand, knotete indessen Steinschleuder und Rauhschopfblätter zusammen und hängte sie sich an einem Riemen so um den Hals, daß sie ihm hinten den Rücken hinabbaumelten.

Dann kletterte er auf den Steinhaufen. Die Hände flach gegen den ebenen Fels gepreßt, reckte er sich hoch, suchte mit ausgestreckten Fingern oben blindlings umher, denn er hatte auch das Gesicht eng an die Felswand geschmiegt. Seine Finger ertasteten nichts, keine Kante, die sich nach innen bog. Nichts, nur glatter warmer Fels.

Er drehte sich leicht zur Seite, um die Knie beugen zu können, drängte sich wieder flach gegen den Fels und schnellte mit tiefem, schluchzenden Keuchen nach oben. Mit den Händen tappte er hoch über dem Kopf, während sich sein Rumpf an der felsigen Wand hochscheuerte.

So, als ob sie auf eigene Faust vorgingen, berührten die Finger seiner Linken die Kante und krallten sich daran fest, bis die vier Finger über dem Sims und der flach gegen die Felswand gepreßte Daumen einen rechten Winkel bildeten. Seine rechte Hand, deren Finger über den Stein scharrten, schaffte es nicht; und als sein Schwung nachließ, und er wieder nach unten sackte, konnte er die Rechte nur noch flach gegen die Felswand stemmen. Sein ganzes Gewicht schoß mit einem Ruck in seinen linken Arm und konzentrierte sich in den vier Fingern über der Simskante. Sie hielten ihn; zwar rutschten sie über den Staub bis zu den vordersten Fingerknöcheln ab, packten dann aber fest zu.

Die Fasersandalen machten alles zunichte. Es gelang ihm einfach nicht, sich so hochzuziehen, daß er mit der rechten Hand irgendwo Halt bekam, denn die Sandalen fanden nirgends den geringsten Widerstand auf dem glatten Fels.

Er konnte sie auch nicht abstreifen, schüttelte sie nur so weit ab, daß sie lose herunterbaumelten und nun erst recht nutzlos waren. Ben ließ sich los und sprang. Dabei verrenkte ihm die eine Sandale, als sie auf dem Steinhaufen unten auftraf, heftig den Fuß.

Vor Wut, Enttäuschung und Hilflosigkeit brach er fast in Tränen aus, während er versuchte, die Knoten, die die Sandalen zusammenhielten, zu lösen. Als ihm das nicht gelang, wollte er die starre Blattfaser auseinanderbrechen. Aber auch das ging nicht, so daß er sich die Knoten erneut vornehmen mußte.
Er mußte sich enorm beherrschen, um mit den Fingern nicht wild und sinnlos über sie herzufallen.
Nachdem er die Knoten gelockert hatte, wollte er die Sandalen schon wütend wegschleudern, nahm sich aber so weit zusammen und schnürte sie mit dem anderen Zeug zu einem Bündel.
Das Bewußtsein, den Sims erreichen zu können, gab ihm offenbar Kraft, und beim zweiten Mal kam es ihm weniger schwierig vor, mit der Linken dort Halt zu fassen.
Anschließend warf er sich gegen die Wand, der spitze Stein riß an seinen Füßen, aber er klammerte sich mit allem was er hatte an ihr fest, bis seine Rechte über die vorspringende Felskante glitt. Er blieb so hängen, und das Blut von seinen Füßen tropfte an der Felswand herunter. Dicht vor sich hörte er ein Geräusch. Erst nach einer Weile merkte er, daß das merkwürdige Pfeifen sein eigener Atem gegen den Fels war.
Er prüfte, von den Fingern abwärts, jeden Muskel in seinem Körper, versuchte vom Tastsinn her, der Dicke des Staubs her zu entscheiden, welche Hand den sichereren Halt, die meiste Kraft hatte.
Wahrscheinlich, weil die Linke, als sie das erste Mal loslassen mußte, etwas von dem Staub weggestreift hatte, erschien sie ihm jetzt als besser geeignet. Ihre Finger schienen den rauhen Stein besser im Griff zu haben, sich fester um ihn zu schließen.
Langsam lockerte er die rechte Hand, spürte, wie sich sein Gewicht in den linken Arm verlegte und umklammerte das linke Handgelenk mit den rechten Fingern.
Während er sich festhielt, fühlte er alles mit Füßen, Knien und Hüften ab; ja, er merkte sogar, wie seine Bauchmuskeln die Felswand absuchten. Mit den Füßen fand er nur kleine Unebenheiten, die Knie waren ganz nutzlos.

Eng gegen den Fels gepreßt, warf er sich hoch, zerrte mit seiner Rechten so heftig, daß die Finger mit ihrem Griff um das Gesims beinahe weggerissen wurden.

Blindlings fuhr die rechte Hand über den vorspringenden Felsrand, die Finger irrten herum, spreizten sich vor, tappten suchend umher, bis er wieder nach unten sackte und die Wand hinabschleifte. Da endlich bekam die rechte Hand den Sims zu fassen und fing den Fall auf. Der Sims über ihm war etwa dreißig Zentimeter breit und leicht nach Osten geneigt.

Ihm blieb nur noch so wenig Kraft, daß er sich nicht einmal mehr ausruhen konnte. So zu hängen verursachte ihm stechende Schmerzen, und seine Finger, die sich um die scharfe Kante gekrümmt hatten, begannen zu erstarren.

Er fing an, seinen Körper wie ein Pendel hin- und herzuschwingen, wobei Bauch, Knie und Brustkorb über den Fels schürften.

Seine Schwünge wurden immer ausholender, bis er merkte, daß noch ein weiterer die eine oder andere Hand von der Kante wegreißen mußte. An diesem Punkt schwenkte er so weit nach rechts aus wie er wagte und dann, anstatt wieder zurückzupendeln, begann er zäh und verbissen, sich die Felswand hochzukämpfen. Mit der Innenkante des einen und der Außenkante des andern Fußes bemühte er sich, die Wand zu erklimmen; seine Knie wollten wie blinde, fingerlose Hände den glatten Stein umfassen. Seine Haut packte den Felsen, saugte sich fest und schob sich nach oben, wobei ihm sein kurzer Backenbart zu Hilfe kam.

Sein rechter Fuß fuchtelte wild herum, als er sich den Fels hinaufarbeitete, verlor sekundenlang den Kontakt mit dem Stein und schwang im leeren Raum, ehe er über den Sims gelangte. Er drehte den Fuß nach innen, spreizte die Zehen und suchte mit ihnen Halt. Gleichzeitig machte er einen Katzenbuckel, ließ die rechte Hand los und schleuderte den rechten Ellbogen über den Simsrand hinweg. Einen Augenblick hielt er sich noch mit der Linken fest und blieb so hängen. Sein rechter Ellbogen und rechter Fuß lagen bereits auf dem Sims, während das linke Bein hilflos unter sein rechtes geklemmt herunterhing.

Das kann alles ruinieren, dachte Ben. Er spürte jedes einzelne Körperglied, eins nach dem anderen. Solange das linke unter dem rechten Bein lag, mußte er sich, um auf den Sims zu gelangen, herumrollen. Hätte sich sein linker Fuß zuerst dort hochgeschwungen, wäre alles jetzt einfacher, dann hätte er sich nur an Hand, Bein und Arm die Felsstufe hochziehen müssen.

Aber es war zu spät, das ganze Manöver von vorn zu beginnen. Dazu fehlte ihm die Kraft. Ließ er jetzt den rechten Fuß vom Sims gleiten und sich wieder herunterhängen, konnte er dann noch verhindern, daß er nicht wieder bis ganz nach unten in den Wüstensand fiel? Er bezweifelte es. Wenn ihm das passierte, würde er es nie wieder so weit nach oben schaffen; das wußte er genau. Seine Arm- und Beinmuskeln hatten zu zittern begonnen. Es war nicht das entspannte Schütteln, das Gefühl der Erschlaffung nach einer plötzlichen Anstrengung, sondern ein ruckartiges, krampfhaftes Zucken, unkontrollierbar und gefährlich, denn bei jedem Stoß schien alle Spannkraft aus seinen Muskeln zu weichen.

Er mußte sich weiterbewegen und brachte es nicht fertig.

Er konnte weder bleiben, wo er war, noch irgendwo anders hingelangen, außer nach unten.

Eine ganze Weile hatte er den Eindruck gehabt, sich durch einen dünnen, durchsichtigen Nebel zu bewegen, in dem er keinen klaren Gedanken fassen konnte. Jetzt schien der Nebel sekundenlang aufzureißen, und er sah und begriff. Konnte wieder mit klarem Scharfsinn denken.

Er mußte hochkommen. So einfach war das. Hoch. Gelang ihm das nicht, konnte Madec im Jeep hockenbleiben und Däumchen drehen und mitansehen, wie er krepierte.

Ben versuchte sich zu rühren, sich über die Felskante zu rollen. Er schaffte es nicht, hatte einfach nicht mehr genug Kraft. Er rutschte ab, und konnte sich nur noch an Fuß, Hand und Ellbogen festhalten, während sein Rumpf nach unten gegen den Felsen durchsackte.

Es war nackte, kalte Wut, die ihn schließlich auf den Sims brachte, auf den er sich wimmernd hochwälzte, sich dann mit Beinen und Knien, Haut und Zehen dort festkrallte.

Er war oben. Er lag mit dem Rücken auf dem Sims, dessen Kante seine Wirbelsäule entlanglief, so daß eine Hälfte noch in der Luft schwebte und nur von einem Arm und einem Bein, die sich an der senkrechten Felswand unten abstützten, in der Waagerechten gehalten wurde.

Er blieb mit geschlossenen Augen liegen. Sein Atem kam kurz, trocken und stoßweise, sein Magen bäumte sich auf, seine Muskeln schmerzten von den heftigen Krämpfen. Ein Stück von der Schleuder bohrte sich ihm in den Rücken, aber er war zu geschwächt, um sie fortzustoßen.

Während er dort lag, ging die Sonne auf, und ihr Licht tauchte den dunklen Fels über ihm in kupferrotes Gold. Droben kreisten ein paar Vögel und ließen sich hin und wieder auf dem hohen Felsen nieder.

Ben beobachtete, wie sich das Licht langsam ausbreitete, wie eine dickliche, unsichtbare Flüssigkeit. Immer tiefer senkte es sich, bis es ihn berührte, über ihn hinwegflutete.

Vorsichtig schob er erst das eine, dann das andere Bein über den Rand und ließ beide hinabhängen. Dann stemmte er sich langsam hoch. Sein Rücken schabte knirschend gegen den Fels hinter ihm, bis er endlich aufrecht saß und seine Gesäßmuskeln den Stein unter ihm festhielten.

Als er nach unten blickte, bemerkte er, wie von seinen Füßen Blut tropfte. Im frühen Morgenlicht wirkten die Tropfen unten auf den Steinen richtig hübsch und farbenprächtig.

Seine Hände bluteten auch, sein rechter Ellbogen ebenfalls und die Innenseite von beiden Knien, wo die Haut wie von einer Feile abgeschliffen war. Er hätte sich gern erinnert, wann genau er seinen letzten Schluck Wasser getrunken hatte. War es gewesen, kurz bevor sie den Jeep verlassen hatten, um die Dickhörner anzupirschen? Oder lag es noch weiter zurück, vielleicht eine halbe Stunde? Eine Stunde?

Die Antwort war sehr wichtig, und es ärgerte ihn jetzt, daß er sich nicht entsinnen konnte. Hatte er kurz vor ihrem Aufbruch getrunken, so mußte das knapp vor Mittag gewesen sein. Ange-

nommen, daß es so war, dann blieben ihm jetzt noch sechs Stunden.
Aber, wenn es doch länger zurücklag?
Das machte ihn so wütend, daß er zu zittern anfing und spürte, wie ihm die Zornesröte ins Gesicht stieg.
Plötzlich machte er Schluß mit diesen Grübeleien. Wo lag da der Unterschied? Sechs Stunden, fünf, vier.
Er konnte nichts daran ändern, und die sinnlose Wut, die ihn gepackt hatte, machte ihm Angst. Waren das schon beginnende Halluzinationen? Diese Wut, die einen Augenblick lang fast an Wahnsinn grenzte?
Das erschreckte ihn, und er hob den Kopf und schaute sich um.
Madec stand neben dem Jeep und verrichtete sein Geschäft in den Sand.
Die Sonne stand jetzt klar über den östlichen Bergen, war kleiner — und heißer.
Als er nach unten blickte, schien sein kleiner Steinhaufen erstaunlich weit weg; das freute ihn. Der Sims war nicht breiter als dreißig Zentimeter, doch die Steinplatte, die früher einmal dazugehört hatte, war so säuberlich herausgebrochen, daß die Oberfläche des Sims' vollkommen geglättet war.
Er mußte sich etwas drehen, um mit den Händen Schleuder und Sandalen so vorzuziehen, daß er sie bequem fassen konnte.
Bei Tageslicht wirkten die Sandalen dick und noch unförmiger, und er entschied, daß sie ein Risikofaktor waren.
Seine bloßen Füße waren genau so gefährlich; er konnte auf dem Blut ausrutschen und weiter oben auf dem Restberg bedeutete das den Tod. Er zerriß die Nähte seiner Unterhose, bis er sie unter sich hervorziehen und die Beine herunterstreifen konnte. Dann, als er sie ausgezogen hatte, riß er sie in zwei Teile. Der Sims war so schmal, sein Sitz dort oben so bedenklich, daß er seine Füße nicht sonderlich geschickt mit den Fetzen seiner Unterhose umwickeln und sie dann festbinden konnte. Aber als er dann fertig war, wußte er, daß er so besser als in den Sandalen gehen konnte, wenn auch mit größeren Schmerzen.

Die Schultern gegen den Fels gepreßt, die Hände flach dagegen abgestützt, stemmte er sich hoch, bis er auf den Füßen stand.
Madec hockte jetzt auf der Jeep-Motorhaube und suchte die Hügelkette mit dem Fernglas ab.
Mit dem Rücken gegen die Felswand schob Ben sich langsam weiter, setzte vorsichtig einen Fuß neben den anderen, ohne mit den Händen den Kontakt zu dem Stein zu verlieren. So kletterte er den Sims weiter hoch.
Die nächsten zwölf bis fünfzehn Meter kam er zwar langsam aber ohne Schwierigkeiten voran. Der Sims wurde weder breiter noch schmaler, als er mit seinen bandagierten Füßen durch die dünne Staubschicht entlangschlurfte, die unter seinen Schritten zu feuchtbraunem Schlamm wurde, der rasch wieder trocknete.
Nach einem Blick hinunter, schätzte er, daß er auf dem schrägen Sims drei oder vier Meter höhergekommen war, so daß er sich jetzt etwa acht Meter über dem Geröllfeld befand.
Der Sims endete jäh an einer breiten, senkrechten Spalte im Restberg. Vom Simsende aus streckte Ben den Kopf um die Ecke und konnte nur entdecken, daß es sich um eine kaminartige Gesteinskluft handelte. Sie war zu breit, um hinüberzuspringen, und auf der anderen Seite gab es nichts, worauf man hätte landen können.
Da er den Rücken gegen die Felswand hatte, konnte er nicht hochsehen; er mußte sich also gut festhalten und sich dann so behutsam umdrehen, daß er mit Brust, Knien und Bauch gegen die Wand zu stehen kam.
Ein seltsames Gefühl, ein Frösteln überlief ihn, wie er so dastand und Madec den nackten Rücken zuwandte, das Gesicht gegen den Fels gedrückt.
Wieder fühlte er, wie sein Fleisch zusammenzuckte, während er auf die erste Berührung mit der Kugel wartete.
Der einzige Laut kam von den Vögeln, die hoch über ihm ihre Kreise zogen.
Die Felsspalte bildete einen Keil, der außen breit war und dessen Wände sich nach innen zu verengten.
Dort, wo er stand, schätzte Ben die Entfernung von Felswand zu

Felswand auf ungefähr ein Meter achtzig. Die Spalte war etwa viereinhalb Meter tief, und sie schien über ihm, ohne ihre Gestalt zu verändern, direkt in den Himmel zu wachsen. Ein gerades, steiles ‚V' aus Stein, ein Kamin mit offenen Seiten und ganz glatten Wänden, die richtig schlüpfrig wirkten. Da die Sonne noch nicht bis dahin gekommen war, konnte man sie unmöglich deutlich sehen. Obwohl es ihm bei seinem Gang über den Sims nicht aufgefallen war, stellte er jetzt fest, daß er leicht nach außen gekrümmt war. Als er dann zurückblickte, entdeckte er, daß er sich am unteren Ende allmählich verlor und schließlich, ungefähr drei Meter über dem Boden mit der Klippenwand verschmolz.

Er beugte sich soweit er konnte vor und spähte in den dunklen Kaminschlot hinab.

Er wich bestürzt zurück. Natürlich wußte er, daß es bis zum Grund nicht mehr als zehn oder elf Meter sein konnten, aber es kam ihm erheblich tiefer vor; wie ein fürchterlich weites Stück. Dort hinabzustürzen bedeutete den sicheren Tod. Es war wie ein finsterer Schlund, und das Sonnenlicht, das hier noch über zusammengehäuften spitzen Felsbrocken spielte, schien wie mit einem Messer abgeschnitten, als es jäh in Schwärze überging.

Er legte den Kopf in den Nacken und starrte an der Felswand hoch.

Da oben gab es nichts. Soweit er sehen konnte, lag die Wand glatt, fast glasartig da und schimmerte im Sonnenlicht wie Gold. Nicht einen Fleck konnte er entdecken, wo der Fels auch nur einem Finger Halt gegeben hätte.

Um ganz sicher zu gehen, senkte er den Kopf, legte ihn gegen die Felswand, streckte die Hände hoch und fühlte mit ihnen den ganzen Stein über sich ab.

Nirgendwo ein Halt.

Er ließ die Arme sinken und maß die breite Öffnung des V-förmigen Schachts noch einmal mit dem Blick.

Er schien jetzt noch breiter. Die ein Meter achtzig, die er bis zur gegenüberliegenden Wand geschätzt hatte, waren wohl zu tief gegriffen. Waren es zwei Meter? Zweieinhalb? Er preßte die Schul-

tern gegen die Wand, drehte sich um, bis er seitwärts stand, die Füße nebeneinander auf dem schmalen Sims und eine Seite an den Felsen geschmiegt. So hatte er die breite Öffnung des Kamins genau vor sich.
Ganz entfernt, wie aus einer anderen Welt, hörte er, wie der Anlasser des Jeeps schleifte und wieder schleifte. Endlich sprang der Motor an. Madec ließ ihn mit gezogenem Starter immer wieder aufheulen. Er hatte kein Gefühl für Motoren.
Ohne einen Blick zurück, bewegte sich Ben Zentimeter um Zentimeter vor, bis seine Fußballen über dem Simsrand schwebten und nur noch der halbe Spann und die Hacken den Stein berührten. Dann ließ er sich fallen.
Steif, die Arme weit von sich gestreckt und mit flach ausgespreizten Händen flog er auf die gegenüberliegende Kaminwand zu.
Irgend etwas stimmte nicht — etwas passierte, womit er nicht gerechnet hatte. Er hatte alles falsch gemacht!
Und jetzt konnte er nichts mehr daran ändern. Dann merkte er, wie er aus der Sonne in die Finsternis des V-förmigen Schachts fiel. Seine Hände trafen mit größerer Wucht, als er erwartet hatte, auf der anderen Felswand auf. Dann, als sich seine Handteller und Finger krampfhaft an der glatten Wand festhalten wollten, rammte sie das Gewicht seines fallenden Körpers. Seine Hände glitten ab, und er konnte es nicht verhindern.
Verzweifelt versuchte er, sich nicht durchhängen zu lassen, den Rücken flach und steif zu halten, um so seine Füße kräftiger aufzustemmen, die immer noch am Simsabsturz hingen. Mit den Händen an der gegenüberliegenden Felswand hing er langausgestreckt in der Luft und rutschte langsam nach unten. Seine Bauchmuskeln lockerten sich nach und nach und sprengten damit die starre Brücke, die sein Körper quer über dem offenen Schlund des V-förmigen Kamins gebildet hatte. Er konnte sich so nicht halten. Seine Bauchmuskeln zuckten wieder krampfhaft, gaben auf; sein Rumpf sackte durch und glitt nach unten, und sein Gewicht zerrte an dem schwachen Halt, den seine Hände hatten. Unter sich konnte er die scharfe Trennlinie ausmachen, die die

Sonne bildete. In ihrem Licht zeichneten sich die Felsbrocken mit deutlichen Schatten ab; die Steine direkt unter ihm hingegen waren nur verschwommene Umrisse im Halbdunkel. Ohne zu wissen, woher er den Mut dazu fand — nur sicher, das nie wieder fertigzubringen — warf er sich irgendwie hinein in den V-förmigen Spalt. Mitten im Flug machte er eine Schraube, indessen seine Füße noch auf der einen Seite gegen den Fels umherscharrten, seine ausgestreckten Hände auf der anderen Seite zupackten.

Er landete schließlich auf dem Rücken, anderthalb Meter unterhalb der vorspringenden Felskante. An Händen und Füßen schwebte er wie aufgehängt, hatte sie gegen den Fels gestemmt. Sein kleines Blätterbündel und die Schleuder ruhten auf seinem Bauch. Um mit mehr Kraft gegen Handteller und Fußsohlen zu pressen, wölbte er den Rücken. Langsam rückte er, indem er immer nur eine Hand oder einen Fuß gleichzeitig, zentimeterweise vorschob, dann schnell wieder den Druck verlagerte, immer tiefer in den V-förmigen Keil; so lange, bis sein Hinterkopf gegen Fels schürfte und weiter, den Kopf jetzt fest an den Brustkorb gedrückt, bis seine Schultern Stein berührten. So tief, bis er ganz in das „V" eingeklemmt war, mit dem Rücken gegen die eine Felswand und mit hochgezogenen Knien gegen die andere.

Er sah weder nach unten noch nach oben, als er sich mühsam wieder höher arbeitete. Die Felswand rauhte unbarmherzig seine Rückenhaut auf, als er sich an ihr hochkämpfte.

Alles tat ihm so weh, daß er nicht einmal sagen konnte, was schlimmer war: Sein vom Felsen aufgeriebener Rücken, oder die Stellen, wo sich die Haut von Knien, Schienbeinen und Füßen abschürfte. Mittlerweile war seine Zunge so stark geschwollen, daß sie ihm den Mund füllte und vorquoll, sie war wie ein pochender Purpurklumpen, eine abschilfernde Fleischmasse vor seinem Mund, die ihm halb die Nase zudrückte. Von seinen Lippen hing die Haut in Fetzen.

Er hatte das Gefühl, daß ihm jemand mit einer kleinen Lötlampe winzige Flammenpfeile in die Augenwinkel schoß. Er versuchte nicht zu blinzeln, denn ohne die Feuchtigkeit in seinen Augen kratzten die Lider, wenn er sie über die trockenen, staubigen Augäpfel senkte.

Was er durch seine halbverstopfte Nase an Luft einziehen konnte, fühlte sich wie ein Feuerstrom an, der an seinen Augen vorbei hinab in seine Kehle floß und den Hals versengte.

Er wollte um jeden Preis hochsehen, prüfen, wie viel höher er noch klettern mußte. Aber er zwang sich dazu, nicht den Kopf zu heben, aus Angst, daß ihn die immer noch vor ihm liegende Strecke völlig entmutigen könnte.

Nach einer Weile schien er wie in einer Hülle von Schmerz gefangen. Er vernahm keinen Laut mehr, nur noch seinen keuchenden Atem, sah kein Licht mehr; ihm fehlte jedes deutliche Gefühl, Hände und Finger reagierten nicht mehr auf den Stein; nichts. Nur noch der Schmerz. Die Zeit stand still, und alle Entfernungen wurden gegenstandslos.

Sein Hirn war leer, aber er brauchte inzwischen auch nicht mehr zu überlegen, sondern machte ganz mechanisch jede Bewegung, die nötig war, um sich die Felswand weiter nach oben zu schieben. Es war wie ein träger Rhythmus: Ein Muskel nach dem anderen, ein Knochen, dann der nächste. Wieder und immer wieder. Ohne Ende.

Er merkte nicht einmal mehr, daß sich seine Schultern schon seit einigen Zentimetern im Leeren bewegten, und er verlor fast das Gleichgewicht, als sein bloßes Hinterteil von dem Druck in den Beinen hoch über den flachen Rand gestemmt wurde. Durch das plötzliche Nachlassen der Spannung wurde er vorgeschleudert und hielt sich, mit dem Kopf nach unten, wippend und schwankend auf der höchsten Kante des V; unter ihm, sechzig Meter tief nur Leere.

Die Sonne brachte ihn schließlich dazu, seine automatischen, schwachen Beinstöße, sein unsicheres Umhertappen aufzugeben. Das Licht stach ihm in die Augen, als er sie endlich aufschlug und sich mit trübem, verschwommenem Blick umsah.

Halb wälzte er sich, halb glitt er aus der Sonne in den Schatten. Da brach er dann zusammen und blieb ungelenk auf dem flachen Stück Felsen liegen; ein paar Vögel kamen dicht herabgeflogen und beäugten ihn.

8

So etwas Grauenhaftes wie diese Sonne hatte er noch nie gesehen. Er konnte nicht fassen, daß sie so hoch in einem vollkommen wolkenlosen Himmel stand; konnte nicht glauben, daß er so lange gebraucht hatte, um in dem Felskamin hochzuklettern.
Als er an sich herunterblickte, wurde ihm übel. Seine Füße waren nur noch blutige, zerfetzte Fleischklumpen, teilweise von schmutzigen, blutverkrusteten Lappen bedeckt. Wo der Fels die Haut abgeschürft hatte, sammelte sich das Blut wie wäßriger, roter Tau. Und die Sonne, klein und boshaft, schmorte ihn jetzt in diesem Saft seines eigenen Blutes.
Es mußte mindestens elf Uhr vormittags sein. Als er sich aufraffte, wußte er, daß er nicht mehr sehr viel länger zu leben hatte. Der Juckreiz hatte seinen ganzen Körper befallen. Am meisten empörte ihn, daß es dort am unerträglichsten juckte, wo die Haut bereits abgerissen war.
Er fühlte sich schwach und elend und sah, wo er sich erbrochen hatte, sah die kleinen Nahrungsbrocken in dem dicken, festtrocknenden Schleim. Er registrierte auch, wie seine Hände und Füße zuckten und bebten, als ob sie von unsichtbaren Fäden bewegt würden. Er zwang sich, die Augen offenzuhalten, sie scharf auf etwas zu konzentrieren, anstatt sie hiflos und benommen in ausgetrockneten Höhlen kreisen zu lassen. So gewahrte er, daß er am Rand eines breiten, nach oben ansteigenden Steinsims saß. Über ihm reckte sich der Restberg steil in die Höhe, offensichtlich ganz bis zu dem einige hundert Meter über ihm liegenden Gipfel. Die Felsenfläche war so glatt wie ein Grabstein.
Wie sein Blick dem Sims folgte, sah er, daß er nicht wieder in den eigentlichen Berg überging, sondern, wie abgeschnitten jäh und plötzlich endete.

Bis auf diesen Sims und die Felswand gab es nichts — keine Vertiefungen im Stein, keine Spalten oder Ritzen. Soweit er sehen konnte — nichts, was auch nur einen Vogel interessiert hätte.
Vor allem gab es keinen Schatten. Spät am Nachmittag würde Schatten bis hierher fallen, doch dann war es zu spät, konnte ihm dann nichts mehr nützen.
Es kostete ihn große Anstrengung, auf die Füße zu kommen, und, als er einen Schritt auf dem Sims entlang machte, zwang ihn der Schmerz fast zurück in die Knie.
So gut er konnte, stützte er sich mit den Händen an der Felswand ab und humpelte über den Sims, bis an die Stelle, wo er endete.
Es war wie ein Messer in den Rücken; eine solche Gemeinheit! Er war betrogen worden. Ja, beraubt.
Der Sims endete, wie von einer riesigen Säge abgesägt mit vollkommen glatter Schnittkante. Und von dieser Kante stürzte er steil herunter bis zum Geröllfeld — ohne die geringste Bruchstelle oder Lücke in der nackten Felswand. Waren es nun die Frostperioden der Eiszeit, oder gewaltige Erdbeben, oder die Temperaturen gewisser Gesteinsströme — jedenfalls hatte irgend etwas in dem Gestein des Restbergs einen Vulkanschlot, wie einen aufrechtstehenden Trichter gebildet, der von oben bis nach unten in zwei Hälften gespalten war. Der Sims unterbrach diesen Steintrichter ungefähr an der oberen Hälfte seines ‚Bechers‘. Hoch über sich konnte Ben den breitgeschwungenen Rand des Trichters ausmachen, der dort vielleicht dreißig Meter im Durchmesser war. Die ‚Tülle‘ unter ihm war wie ein Kamin geformt, genau wie der, den er hochgeklettert war; nur, daß dieser anstatt V-förmig rund war, wie ein mitten durchgeschnittener Zylinder.
Von seinem Standpunkt aus bis zur gegenüberliegenden Seite des zweigeteilten Trichters waren es mindestens fünfzehn Meter — quer durch den Luftraum. Weiter sogar noch, wenn man über die gewölbte Trichterwand hinwegmaß.
Die Steinformation auf der anderen Seite konnte er nicht eindeutig bestimmen. Eine dünne Basaltwand, eine nicht ganz abgebrochene Platte, erhob sich nämlich am äußeren Rand und schien

nur an ihrer Basis mit dem Hauptberg verbunden. Diese dünne Wand und die massive Felswand des Restbergs bildeten einen schmalen Korridor, der im tiefen Schatten lag.
Eigentlich war es auch unwesentlich, was dieser dunkle Korridor bot, denn er konnte ohnehin nicht rübergelangen.
Genau betrachtet konnte er nirgendwo hin. Er war jetzt dem Tod zu nahe, um es noch über den langen, V-förmigen Felskamin nach unten zu schaffen. Und auch in bester körperlicher Verfassung war es unmöglich, ohne Seile, Kletterhaken und Hammer, ohne Nagelschuhe und feste Handschuhe die jäh abfallende, glatte Bergwand zu ersteigen.
Und, ohne daß ihm jemand auf der Gegenseite die Seilbrücke festmachte, konnte er auch nicht über den gebogenen Abhang gelangen, der den Becher des Trichters bildete.
Hilflos starrte er gegen die Felswand, als ihn etwas am Arm traf, ihn zurück gegen den Felsen warf, und dann zerriß der Lärm des Schusses die Stille.
Noch während das Krachen widerhallte, schleppte sich Ben zurück hinter den Schutz der Felsplatte und preßte sich flach dagegen.
Er hob leicht den Arm und blickte verdutzt auf ein kleines, purpurrotes Loch zwischen Handgelenk und Ellbogen.
Als er den Arm langsam umdrehte, gewahrte er das andere Loch, das ausgefranster war, und aus dem ein kleines helles Blutrinnsal bis hinab in seinen Handteller sickerte
Er spürte nicht den geringsten Schmerz.
Er legte den Daumen auf das eine, den Zeigefinger gegen das andere Loch und drückte sanft. Das tat jetzt weh — aber es war nichts im Vergleich zu dem Schmerz in seinem Mund, oder dem Brennen in den Augen, oder die quälenden Sonne auf seiner zerschundenen Haut.
Er hob und senkte den Arm aus dem Ellbogen heraus, drehte ihn dann von einer Seite zur anderen. Bei diesen Bewegungen schmerzten die Wunden weder mehr noch weniger.
Er ballte die Hand zur Faust, beobachtete, wie sich seine Finger normal und leicht bewegten.

Er war angeschossen worden. Aber er war nicht schwerverletzt und hatte kaum Schmerzen.
Sogar das Bluten hatte aufgehört.
Schon lange hatte er nicht mehr an Madec gedacht. Das holte er jetzt nach.
Denn Madec schoß mittlerweile, um ihn zu töten. Nach dem Sturz von der Klippe, dem Prall gegen vorspringende Felskanten, endlich dem Aufschlag unten auf dem Geröllfeld, wäre seine Leiche so zerfetzt und verstümmelt, daß niemand mehr Verdacht schöpfen würde, er könnte bereits vor dem Sturz tot gewesen sein.
Entfernt, wie aus einer anderen Welt, hörte er den Jeep anspringen. Madec suchte wohl nach einem Standort, von dem aus er Ben wieder im Blickfeld hatte.
Das würde nicht schwierig sein.
Angeregt durch den Motorenlärm schweiften Bens Gedanken auf einmal ab. Plötzlich fiel ihm eine Art Radrennbahn ein, ein Velodrom, das er als Junge auf einem Jahrmarkt gesehen hatte. Ein Mädchen mit einem langen roten Schal, der hinter ihr herflatterte, war aus einer Klappe im Holzboden mit einem Motorrad herausgefahren. Dann fuhr sie immer im Kreis, verließ die schrägen Holzwände und sauste mit dem Motorrad die völlig senkrechten Wände des Velodroms entlang. Er hatte das Schauspiel angestarrt, konnte nicht begreifen, wie so was möglich war. Aber ihr gelang es — sie lag waagerecht, zog ihre Kreise und der rote Schal wehte in gerader Linie hinter ihr her...
In wenigen Minuten hatte Madec den Jeep so manövriert, daß er erneut auf ihn anlegen konnte. Er wußte, daß ihm nur noch so viel Zeit blieb, bis der Jeep abgestellt wurde.
Er griff nach hinten und zerrte sich das Bündel Rauhschopfblätter und die Schleuder nach vorn auf die Brust. Er zurrte alles zu einem kompakten Bündel fest und schob sich das Ganze wieder auf den Rücken.
Indem er erst den einen, dann den anderen Fuß hob, riß er sich die Fetzen seiner Unterhose von den Füßen.

Als er soweit war, starrte er noch eine Sekunde länger über den Sims hinweg auf die heiße, glatte Wand des Vulkanschlots.
Weit unter ihm tauchte der Jeep auf, bremste und kam in einer Staubwolke zum Stehen. Madec stieg aus und bewegte sich durch den Staub.
Ben kam ein Gedanke, klar und sonderbar: Ich will hier nicht sterben. Nicht hier auf diesem kahlen Felsen.
Er machte einen Schritt vor auf den Sims.
Es war ein schneller Schritt; mit den Händen stemmte er sich von der Felswand ab und versuchte im Laufen den Schmerz zu verdrängen, der von seinen Füßen emporhämmerte.
Ob Madec auf ihn schoß oder nicht, würde er nie erfahren. Er schien mit einem Mal in eine strahlende, heiße kleine Welt eingetreten, in der es nur Sonne, Felsen und absolute Stille gab. Nicht einmal seine eigenen Atemzüge hörte er, nicht das Tappen seiner plumpen Schritte und auch nicht das zunehmende Pochen seiner Herzschläge.
Er spürte überhaupt nichts. Weder den Luftzug seiner eigenen Bewegung, noch die Sonnenhitze und auch nicht das sanfte Scharren des Bündels gegen seinen aufgeschürften Rücken. Nur seine Fußsohlen spürte er, und seine ganze Aufmerksamkeit konzentrierte sich auf diese beiden Körperstellen.
Er rannte schnurstracks über die Gesimskante hinweg, geradewegs in den schrägen Kaminschlot.
Damit kamen andere Flächen seiner Füße mit dem heißen Stein in Berührung. Er setzte die Füße nicht mehr flach auf, nur noch die Außenkante seines linken und die Innenkante seines rechten Fußes hatten Kontakt mit dem Boden.
Alles, was er an Tastsinn besaß, konzentrierte sich in seinen Füßen. Sie registrierten die kleinste Unebenheit, an die sich seine Haut zu klammern schien und sie wieder losließ, fühlte jede glatte Fläche, an der sich seine Haut festsaugte.
Seine Zehen wurden so feinnervig wie Finger, tasteten ab, packten zu, stießen sich ab und ließen los.
Im Laufen fuhr seine Linke über die Felswand an seiner Seite mit

zartem Streicheln. Sie hielt sich nicht fest, stemmte sich auch nicht ab, nur die Fingerspitzen huschten über den Stein.

Den rechten Arm streckte er leicht angewinkelt und mit gespreizten Fingern vor, so als ob er in der leeren Luft noch Halt finden wollte. Seine ganze Aufmerksamkeit richtete sich auf die Berührung seiner Füße mit dem Stein, rammte sie gegen den Boden, sobald er die geringste Angriffsfläche spürte, drängte nicht weiter, wenn er merkte, daß er keinen Halt fand, sondern nichts als die glatte, senkrechte Wand berührte.

Weiter rannte er, immer weiter, flog dahin, tastete um sich, balancierte und schwebte, während die gewölbte Trichterwand neben ihm herzukreisen schien.

Es zog ihn nach unten. Er hatte geplant, den Kaminschlot in gerader Linie von seinem breiten Sims aus zu überqueren bis zu dem dunklen Korridor auf der anderen Seite, der ebenfalls scharf an der Trichterwand endete.

Doch langsam trieb er auf der steilen Wand immer weiter abwärts, jeder Schritt kam eine Spur tiefer als der vorhergehende.

Als er sich vom Sims abgestoßen hatte, konnte er über die Leere hinweg in den dunklen Korridor hineinsehen, die kleinen Steine auf dem Boden erkennen, die Felswände zu beiden Seiten.

Dann war der Boden aus seinem Blick verschwunden, denn der Korridorspalt rückte langsam und unmerklich immer höher.

Falls er in den schmalen Korridoreintritt, sobald er ihn erreichte, nicht hineingelangte, konnte er nur noch weiterlaufen, weiter bis an den Rand des Kaminschlots und dann ins Leere hinein. Denn weiter gab es nichts.

Der Korridor bildete ein schwarzes Rechteck in der rötlichbraunen Felswand, auf der er entlanglief. Er kam näher — verschob sich aber auch weiter nach oben.

Ben warf die Arme hoch, griff mit ausgestreckten Fingern ins Leere.

Sie berührten die scharfe Felskante und umschlossen sie.

Alles stand still — jede Bewegung, der leichte Luftzug, das flüchtige Dahineilen seiner Füße. Mit flach gegen die Wand gepreßtem

Körper blieb er hängen; seine Arme streckten sich bis zum Äußersten, seine Finger krümmten sich um die Kante des Korridorbodens.
Der Stein, gegen den er sich drückte, fühlte sich ungewöhnlich an. Es kam ihm so vor, daß er während der ganzen Zeit, die er lief, keinen Kontakt zur Erde gehabt hatte, und daß auch das flüchtige Tasten seiner Finger, die kleine Fläche seiner Fußsohlen den Stein nicht wirklich berührt hatten.
Der Fels hier war fest und warm, fühlte sich ganz weich an, als ob er ein warmer, dichtgewebter Teppich sei. Ein einschläferndes, köstliches Gefühl, und eigentlich gab es keinen Grund, nicht auf dem warmen Teppich liegenzubleiben und einzuschlafen.
Ohne daß er es merkte, waren die Finger seiner rechten Hand immer weiter abgerutscht.
Nur als der kleine Finger mit einem schnappenden Ruck von der Kante glitt, fielen ihm seine Hände wieder ein, und er spürte die wachsende Spannung in den Armen und die heftigen Schmerzkrämpfe.
Er zog sich mühsam hoch und wälzte sich schließlich hinein in den finsteren, schmalen Korridor.
Seine Muskeln bebten, zuckten, schauerten zusammen, als er auf Händen und Knien weiterkroch, nicht in einen Korridor, wie er geglaubt hatte, sondern in einen Tunnel, dessen Außenwand sich massiv über ihm wölbte und zu einem Teil des Restbergs selbst wurde.
Irgendwann, vor Millionen von Jahren, als die Wüste noch ein Meer gewesen war, hatten die Wellen diesen Tunnel ausgehöhlt, hatten seine Wände, den Boden ausgewaschen und die scharfen Felskanten abgeschliffen.
Er kroch weiter, dahin, wo Lichteinfall auf eine leichte Biegung im Tunnel schließen ließ.
Hier begann der Boden schräg abzufallen und war so glatt, daß der Stein beinahe im gedämpften Licht glänzte, das vom anderen Ende hereinkam. Langsam schob er sich um die Biegung.
Und da lag der See. Ein großer See mit dunklem, funkelnden, klaren Wasser, das sich dort im Felsen angesammelt hatte.

9

Man hat bei Menschen, die verdursten, ein bestimmtes Phänomen beobachtet. Der Wasserentzug in ihrem Körper ist so extrem, der Salzverlust so kritisch, daß sich die Zusammensetzung ihres Blutes grundlegend ändert. Die Schweißabsonderung hört auf, und die immer feuchten Schleimhäute trocknen aus und schilfern ab. Ihr Mund und ihre Kehle enthalten keinerlei Speichelflüssigkeit mehr, und sogar die normalerweise immer in Feuchtigkeit schwimmenden Augenwinkel werden so trocken, daß ihnen das kleinste Staubkörnchen in den Augen quälende Schmerzen verursacht.
Und doch, wenn diese Menschen vom Tode errettet werden, oft noch — vollkommen ausgedörrt — im letzten Augenblick, brechen sie fast immer in Tränen aus. Aus irgendeiner geheimnisvollen Quelle fließen echte Tränen, aus Augen, die noch vor Sekunden strohtrocken waren. Niemand weiß, woher diese Tränen stammen.
Ben hockte auf dem Boden des Tunnels und lehnte mit dem Rükken gegen die gekrümmte Felswand. Es war doch kein See.
Es war ein Wassertümpel, ungefähr viereinhalb Meter im Durchmesser und an seiner tiefsten Stelle nicht mehr als sechzig Zentimeter tief. Rings um diesen Tümpel herum klebte Vogeldung am Boden, und das Wasser selbst war auch nicht, wie es ihm vorgekommen war, glitzernd und klar, sondern trübe und schmeckte schal, irgendwie angestaubt.
Und doch war es köstlich.
Ben hatte sich bäuchlings hingestreckt und so viel in sich hineingetrunken, wie er konnte. Dann hatte er sich ausgeruht und noch mal getrunken. Er schien fast zu spüren, wie dieses Wasser geradewegs durch die Wände seiner Eingeweide strömte, von seinem Blut aufgenommen und in seinem Körper verteilt wurde.

Noch einmal hatte er getrunken. Dann hatte er sich etwas vom Tümpel fortgerollt und war neben dem Wasser eingeschlafen.
Ihm war zumute wie früher, wenn er als kleiner Junge aus einem Alptraum erwachte, und seine Mutter da war und ihn tröstete. Diesen Trost und Zuspruch hatte er nach dem Tod seiner Eltern im Haus seines Onkels nie mehr erfahren. Doch jetzt, neben dem Wassertümpel, spürte er ihn wieder, während ihm der Geruch von Guano in die Nase stach.
Seine Zunge war zu normaler Größe zurückgeschrumpft, sein Hals war zwar noch rauh, fühlte sich aber besser. Seine Augen waren wieder feucht, und er fühlte sich gekräftigt.
Außerdem hatte er Hunger.
Seit der ersten Nacht in den niedrigen Bergen hatte er keinen sonderlichen Hunger verspürt, und erst recht nicht in den letzten Stunden. Aber jetzt knurrte ihm der Magen.
Die Lichtverhältnisse hatten sich, während er schlief, verändert. Denn nun fiel das hellere Licht durch die Tunnelöffnung, durch die er eingedrungen war, und das andere, noch unerforschte Ende lag im dämmrigen Halbdunkel. Sogar seine Füße schienen nicht mehr ganz so weh zu tun, als er jetzt aufstand, um den Tümpel herum und weiter den Korridor entlangging. Als er sich dem anderen Ende näherte, fiel ihm auf, wie die einstigen Wellen die Außenwand ganz dünn gefressen hatten, ja sie an manchen Stellen sogar ganz durchspült hatten, so daß die Wand wie eine bräunliche, von kleinen Löchern durchbohrte Käsescheibe erschien.
Das Tunnelende war unregelmäßig, und die äußere Felswand brach dort ab, wo sich der Tunnel ausweitete, so daß er dahinter ein breiteres Felsplateau sehen konnte, das im Winkel von fünfzehn Grad schräg nach oben anstieg und offenbar an dem Restberg-Gipfel endete.
Gerade wollte er auf das freiliegende Plateau hinaustreten, als er zum ersten Mal seit Stunden wieder an seinen Gegner dachte.
Madec wußte, daß er sich irgendwo auf dem Restberg aufhalten mußte und würde nur auf einen solchen Schnitzer warten.
Wieder im Tunnel nahm Ben eine der Fasersandalen. Damit kniete

er sich vor ein kleines Loch in der Außenwand und schob die Sandale vorsichtig durch die Öffnung.
Keine Kugel zerfetzte sie, kein Echo eines Schusses hallte aus der Wüste empor.
Er versuchte es mit einem größeren Loch.
Mit dem dunklen Tunnel dahinter mochten Madec diese Löcher nur als dunkle Kleckse auf der Felsoberfläche erscheinen.
Er ließ die Sandale sinken und bewegte sich so, bis er durch das Loch sehen konnte.
Madec saß unten auf der Motorhaube des Jeeps, musterten den Restberg durch den Feldstecher, die .358er quer über den Knien.
Ben setzte sich neben seinen Wassertümpel. Lange starrte er die völlig unbewegte Wasserfläche an.
Das war seine einzige Waffe: Wasser. Damit hatte er Zeit gewonnen. Wenn er nur an Nahrung kommen könnte, würde das diese Zeit noch verlängern, und damit sein Leben.
Er griff nach der Schleuder, ging mit ihr auf das sich verbreiternde Tunnelende zu, bis er eine Stelle fand, wo er vor Madec sicher war.
Er räumte die kleinen Kieselsteine und den Schutt beiseite und setzte sich. Dabei merkte er, wie seine Muskeln allmählich ganz steif und verkrampft wurden, und daß ihm beim Bücken der Rücken und der verletzte Arm weh taten.
Die Schleuder war die beste, die er je gesehen hatte. Der Griff lag wie angegossen in seiner Hand, die Gabel war wie ein „U" geformt, aus breiten, festen Metallröhren. An ihrem unteren Ende saß die Stützverstrebung, die innen an seinem Handgelenk entlang zu dem ausgebogenen Metallteil führte, das seinen Arm beinahe bis zum Ellbogen hoch umfaßte. Seine Finger und sein Handteller mußten sich kaum anstrengen, auch wenn er die mächtigen Gummischläuche voll anspannte. Es gab keine Erschütterung, keine Unsicherheit.
Er hob einen Kiesel auf, legte ihn in die Lederschlaufe, spannte und ließ los. Der Kiesel schoß ins Sonnenlicht hinaus, prallte kurz gegen die Bergwand und entfernte sich pfeifend durch die Luft.
Er sammelte sich einen kleinen Vorrat an Kieseln und begann

mit den Schießübungen. Anfangs zielte er auf einen nahe gelegenen Fleck an der Wand, doch als er gelernt hatte, ihn bei fast jedem Versuch zu treffen, suchte er sich immer weiter entfernte Ziele, bis er die äußerste Treffsicherheit der Schleuder ausprobiert hatte.
Dann, als langsam die Dämmerung hereinbrach, blieb er einfach sitzen und schoß Kiesel um Kiesel ab, und mit wachsender Treffsicherheit machte ihm die Schleude immer mehr Spaß. Er brachte es soweit, daß er einen Stein wählen, ihn einlegen, spannen, schießen und dann sein Zeil mit erstaunlicher Schnelligkeit und Genauigkeit treffen konnte.
Aus der Nähe war die Schleuder tödlich. Die Gummischläuche waren so stark, daß sie einen Kiesel mit der gleichen Anfangsgeschwindigkeit herausschleuderten, die die Kugel eines guten Luftgewehrs erreichte.
Nachdem er erst Vertrauen in sein Können hatte, beschloß er, eine Kugel von dem groben Schrot zu opfern, denn er war neugierig, ob die glattere Schrotkugel einen Unterschied machte. Sie machte einen sehr großen.
Er verbrauchte noch fünf weitere Schrotkugeln und stellte fest, wieviel flacher ihre Schußbahn war und was für eine größere Geschwindigkeit ihnen die runde Form verlieh.
Als er soweit war, kehrte er wieder in den Tunnel zurück und bezog hinter dem Tümpel Stellung, wo er fast im Schatten war. Er setzte sich so zurecht, daß er mit den Fingern lediglich die Lederschlaufe zu spannen brauchte, lud sie mit Schrot und wartete ab.
Der erste Vogel war ein Sperber.
Er sauste in den Tunnel hinein, legte sich keinen Meter von Ben entfernt in eine scharfe, schwirrende Kurve und war im Nu wieder draußen.
Entmutigt behielt er das leere Stück Himmel am Tunnelausgang im Auge. Kein Vogel tauchte auf, nicht einmal in der Ferne.
Benutzten sie diese Wasserstelle nicht mehr?
Waren die Exkremente schon alt? Gab es irgendwo Wasser, das günstiger für sie lag?

Ben sah sie nicht heranfliegen, auch nicht, wie sie sich niederließen. Plötzlich waren sie da, eine Schar Wachteln, die ohne Zögern in den Tunnel hinein und auf den Tümpel zuspazierten.
Sie schwatzten miteinander in weichem, flötenden Geschnatter, und die kleinen gebogenen Schopffedern der Männchen hüpften wie in einem zustimmenden Nicken auf und ab.
Er ließ sie ans Wasser herankommen. Dann nahm er sich ein Männchen aufs Korn, das ein wenig abseits den Schnabel eintauchte, ihn dann hochwarf, um das Wasser durch die Kehle zu spülen. Ben spannte langsam, zielte und schoß.
Der Vogel stürzte auf der Stelle tot zu Boden. Ein kleiner Federwirbel senkte sich auf ihn, und eine winzige Staubwolke hob sich, während er noch schwach aufzuckte und darauf ruhig liegen blieb.
Die anderen Wachteln waren nicht im mindesten beunruhigt. Ein paar sahen flüchtig zu ihrem gefallenen Gefährten hin, ließen sich aber nicht beim Trinken stören.
Ben legte eine neue Schrotkugel in die Schlaufe, spannte und schoß. Diesmal traf er nicht so glatt, war offenbar auf einen Knochen gestoßen. Die Schrotkugel riß den Vogel ein paar Zentimeter zurück, tötete ihn jedoch.
Er verfehlte nicht einen Schuß. Nachdem die Vögel genug getrunken hatten, machten sie kehrt und marschierten, immer noch schwatzend, wieder aus dem Tunnel. Fünf tote blieben auf dem Boden zurück.
Er sammelte sie ein und trug sie an die Öffnung zum Trichter, wo das Licht besser war. Sie waren noch ganz warm, als er sie rupfte, und dabei staunte, wie schwer sich ihre Federn herausziehen ließen.
Die auf dem Felsen nebeneinander aufgereihten kleinen Kadaver boten ein klägliches Bild mit ihren ungerupften Köpfchen, von denen die fröhlichen Schmuckfedern jetzt schlaff und farblos herabhingen.
Ben bemühte sich, nicht hinzusehen, als er sie mit dem Daumennagel aufquetschte, und ihm ihre Körpersäfte über die Hände liefen. Er erwog, ob er die Eingeweide fortwerfen sollte; entschied

sich dann dafür, denn er rechnete damit, daß am nächsten Morgen andere Wachteln zur Tränke kommen würde.
Ben starrte auf das rohe, blutige Etwas zwischen seinen Fingern, dessen kleine Knochen im schwindenden Licht des Sonnenuntergangs weiß und gespenstisch leuchteten.
Mit geschlossenen Augen und gegen den Brechreiz ankämpfend, führte er es zum Mund und nagte mit den Zähnen das Fleisch ab. Ihm war speiübel und, ohne überhaupt zu kauen, würgte er das zähe schleimige Zeug nur einfach runter, befahl seinem Schlund, es zu schlucken.
Er verzehrte sie alle, aber leichter fiel ihm der Vorgang nicht. Als er fertig war, stierte er auf seine blutbefleckten Hände, schmeckte das Blut um seinen Mund und hätte fast die ganze Mahlzeit wieder von sich gegeben.
So kann ich nicht weitermachen, entschied er. Am nächsten Morgen, wenn die Vögel zurückkehrten, würde er sie ausnehmen, zurichten und in die Sonne legen. Und, ganz gleich, wie hungrig er auch sein mochte, er würde sich zwingen, so lange zu warten, bis die Sonne sie auf dem Stein angeschmort hatte — wenigstens ein bißchen. Und so beschäftigte er sich in Gedanken weiter mit Kleinigkeiten, denn er wollte nicht an das Ungeheure denken; an jenen ungeheuerlichen Gedanken, mit dem er sich jetzt doch langsam auseinandersetzen mußte und der ihm vorkam wie die Dunkelheit, die an den Felswänden immer höher kroch und schließlich in den Tunnel eindrang.

10

Der Wind war voller Stimmen. Mit Unterbrechungen hatte Ben die ganze Nacht über darauf gelauscht: auf das Flüstern, das unterdrückte, heisere Gelächter, das Geschwätz, das manchmal wie besessen klang. Schon als kleiner Junge hatte er diese Stimmen im Wind gehört und sich davor gefürchtet. Aber sein Vater hatte ihm erklärt, daß sich die Wüste bei Nacht aussprechen müsse. Da sie tagsüber so lautlos war, mußte sie sich einfach bei Nacht im Gespräch Luft machen... Daraufhin hatte Ben nie wieder Angst vor diesen Stimmen gehabt.
In der Nacht hatten einige Vögel bei ihm Wache gegen Madec gehalten; sie waren nach Sonnenuntergang gekommen und hatten sich am Tunneleingang einen Rastplatz für die Nacht gesucht. Jedesmal, wenn sich Ben im Schlaf bewegte, flatterten sie aufgeregt hoch, kreischten und stürzten von ihm weg.
Bei Tagesanbruch hatte er sechs Vögel erlegt und zwar nur mit Kiesel, weil er sich das Schrot für einen Zeitpunkt aufheben wollte, wo es auf größere Geschwindigkeit und Treffsicherheit ankam. Er hatte die Vögelge schickter gerupft und gesäubert als seine erste Beute, und inzwischen begannen sie bereits auf einem glatten, sauberen Stein in der Sonne zu rösten.
Mit dem Wasser aus dem Tümpel hatte er alle Wunden, an die er herankam, ausgewaschen und freute sich darüber, wie schnell sie verheilten.
Er hatte seine Schleuder inspiziert, die Gummischläuche sorgsam überprüft, ob sie nicht anfingen, an irgendwelchen Stellen brüchig und dünn zu werden.
Sein Bart war mittlerweile sechs Tage alt, denn er hatte die Angewohnheit, sich auf längeren Trips in die Wüste nicht zu rasieren, denn ein Bart schützte auch noch etwas vor der Sonne. Als er sich

im Wasserspiegel betrachtete, erschien sein Bart sehr voll und tiefschwarz und gab ihm ein seltsam satanisches Aussehen; er wirkte gefährlich...

Als er sich an einen Platz im Tunnel setzte, wo ihn Madecs Gewehr nicht erreichen konnte und weiter mit seiner Schleuder experimentierte, verspürte er sogar richtiges Wohlbehagen. Seine Wunden schmerzten nur noch bei unbedachten Bewegungen, sein Arm tat ihm kaum noch weh und, obgleich er hungrig war, wartete er bereitwillig, bis sein Vogelbraten appetitanregender aussah.

Er machte solche Fortschritte mit der Schleuder, daß er sein Ziel auf den Zentimeter genau aus einer Entfernung von zehn Metern traf. Aus fünf Metern traf er auch mit einem Stein haargenau. Eine zwanzig Zentimeter lange Rennechse erschien, und Ben scheuchte sie mit einem Steinwurf auf und erwischte sie dann im Laufen aus sieben Metern Entfernung.

Er legte sie zu seinem brutzelnden Geflügel, machte dann einen Moment Pause und spähte aus seinem Guckloch nach Madec.

Der Mann hatte sein Lager am Fuß des Restbergs errichtet und den Jeep so dicht wie möglich an das Geröllfeld herangefahren. Er hatte ihn mit der Nase zum Berg hin geparkt und das Zelt dahinter aufgeschlagen. Die Wasserkanister standen ordentlich nebeneinander im Schatten unter dem Sonnenzelt.

Madec machte sich eben hinter dem Jeep zu schaffen. Ben konnte die Bewegungen seines Schattens verfolgen.

Als er sich wieder hingesetzt hatte und die Schleuder in die Hand nahm, erkannte er, wie dumm es war, sich in Sicherheit zu wiegen. Nur weil er Nahrung und Wasser hatte, und weil Madec ihn nicht abknallen konnte.

Das würde Madec schnell ändern.

Er kam von dem Mann da unten in der Wüste nicht los. Sie waren aneinandergekettet.

Ein anders gearteter Mann hätte der Wüste wahrscheinlich inzwischen den Rücken gekehrt, davon überzeugt, daß Ben nicht entkommen konnte. Anders Madec. Er würde so lange warten, bis sich sein Plan bis ins kleinste Detail verwirklicht hatte.

Lebendig ließ ihn Madec hier nicht zurück. Während Ben in Gedanken immer wieder durchging, was sich seit dem ersten Dröhnen der .358er abgespielt hatte, nahm bei ihm ein Plan immer deutlichere, immer klarere Form an, bis er schließlich einsah, daß es das einzige war, was er tun konnte.

Die Kette zwischen ihnen erstreckte sich jetzt über mehrere hundert Meter. Sie lief von der Höhe des Restbergs, die Steilwand hinunter über das Geröllfeld, über die weichere Sandwüste bis hin zum Jeep, wo sie sich endlich um Madec schloß.

Um zu überleben, muß ich diese Kette verkürzen, überlegte Ben. Ich muß sie Glied für Glied einholen, bis er und ich uns Auge in Auge gegenüberstehen.

Und irgendwie muß er dann in diesem Moment genauso wehrlos sein wie ich.

Madec darf nicht einfach so zu mir hochkommen, dachte Ben. Er darf nicht die Wahl haben, darf sich nicht aussuchen, wo, wann und wie er hochkommt.

Entweder muß ich zu ihm gehen oder ihn zu mir hinauflocken.

Er legte die Schleuder beiseite und trat an ein Loch in der Felswand.

Madec marschierte auf den Restberg zu.

Über der einen Schulter trug er das schwerkalibrige Gewehr, über die andere hatte er das aufgewickelte Abschleppseil gehängt. Außerdem hatte er die schwere Segeltuchtasche dabei, in der Ben Werkzeug und Geräte verstaute.

Er kommt doch zu mir, dachte Ben. Er hat sich also doch selbst Ort, Zeit und Methode ausgesucht.

Madec verschwand außer Sichtweite, als er sich der Steilwand näherte.

Ben lief zum Tunnelausgang, blieb dort in Deckung und wartete. Der Ton war schwach, aber deutlich. Während er darauf lauschte, konnte sich Ben gut vorstellen, was Madec da unten machte.

Die Segeltuchtasche enthielt einen Gesteinshammer, mit einer flachen Pinne an der einen Seite und einer langen, felszertrümmernden Eisenspitze an der anderen. Dort unten, am Fuß des Restbergs war

Madec im Begriff, sich eine Treppe die Steilwand empor zu meißeln. Der Lärm brach für einen Augenblick ab, dann drang ein neuer Ton nach oben, klar und fast melodisch, das Hämmern von Metall gegen Metall.
Jetzt trieb er einen Kletterhaken in eine Felsritze.
Einen Moment lang überlegte Ben, was Madec wohl als Kletterhaken benutzen mochte. Dann fielen ihm die langen Stahlpflöcke ein, die er bei sich trug, falls er einmal bei starkem Wind ein Zelt auf felsigem Gelände aufschlagen mußte.
Jetzt machte sich also Madec daran, mit einem durch die Pflöcke abgesicherten Seil, mit aus der Wand geschlagenen Hand- und Fußstützen den Restberg zu erklimmen.
Obwohl ihn Madec wahrscheinlich nicht sehen konnte, ging Ben doch kein Risiko ein, als er aus dem Tunnel auf das breite Felsplateau hinaustrat. Auf der anderen Seite eilte er geduckt an der hohen, glatten Wand entlang und bemerkte dabei, wie das Plateau nicht nur anstieg, sondern auch schmaler wurde. Schließlich wurde es so schmal, daß er nicht mehr darauf gehen konnte, und ein paar Meter weiter ging es glatt in den Steilabbruch über.
Dieser Steilabbruch war eine Wand aus glattem Fels, die sich schräg nach außen neigte. Diese schräge Wand führte mehr als sechzehn Meter über ihm hoch und bildete anscheinend den Gipfel des Restbergs.
Ungefähr sechs Meter weit von ihm weg, aber höher, gab es noch einen Sims, der breit war und leicht anstieg, ein bequemer Pfad zum Gipfel des Restbergs.
Keine Macht der Erde würde ihn lange genug an jener schrägen Wand halten, um die sechs Meter bis hin zu dem breiten Felspfad, der zum Gipfel führte, zu überwinden.
Und eine andere Möglichkeit, wie ein nackter Mann ohne jede Ausrüstung die steile Böschung erklimmen konnte, existierte ebenfalls nicht.
Seine Freiheit beschränkte sich auf den schmalen Sims hier — und den Tunnel. Hier war er gefangen.
Und das wußte Madec.

Ben durchschaute jetzt klar, was Madec plante. Er erinnerte sich, daß es dort, wo Madec jetzt war, eine ebene, unbesteigbare Felswand gab, die von dem Geröllfeld anstieg bis zu einem Sims in ungefähr zehn Meter Höhe.

Diese Stelle hatte Ben sehnsuchtsvoll studiert, denn ihm schien, daß — hatte man erst diesen hohen Sims erreicht — der restliche Weg zum Gipfel nicht schlimmer als ein beschwerlicher Spaziergang sein konnte. Aber ohne Geräte und ohne Seil hatte er gar nicht erst die unteren Meter des glatten, senkrechten Hindernisses bezwingen können.

Madec hatte alles, was er brauchte.

Ben musterte das Stück Felswand, das Madec erklimmen mußte, von unten bis oben.

Doch, wo immer Madec in Sicht kam, befand er sich außer Schußweite der Schleuder.

Ben hingegen gab an denselben Stellen eine bequeme Zielscheibe für das Gewehr ab.

Verbittert fand er sich allmählich damit ab, daß er Madec nicht am Hochsteigen hindern konnte. Nicht einmal zermürben konnte er ihn, seinen Aufstieg irgendwie verzögern.

Ben sah auf das sechs Meter höherliegende Gesims ihm gegenüber. Einen Augenblick musterte er es kritisch, ließ dann den Blick über seinen eigenen Sims gleiten, bis zurück in den tiefen Schatten des Tunnels.

Von dem breiten Sims aus, zu dem sich Madec hocharbeitete, konnte ihn der Kerl ganz einfach abknallen.

Im Stehen, oder sogar ganz gemütlich im Sitzen, die Ellbogen fest nach unten gegen die Beine abgestützt.

Ben konnte den dunklen Tunnel von einem Ende bis zum anderen überblicken. Nicht einmal die Biegung bot ausreichend Deckung. Es gab nirgendwo ein Versteck.

Ben ging über den Sims in den Tunnel zurück, dorthin, wo die Schleuder neben seinem zusammengetragenen Steinhäufchen lag. Die Hammerschläge schienen ihm entgegenzudröhnen, als er neben der Schleuder saß, sie nachlässig in die Hand nahm.

Ben lauschte so angestrengt auf das Hämmern, daß es lange dauerte, bis er auch bewußt das andere Geräusch registrierte, das er gleichzeitig über sich gehört hatte.

Es war ein hohlklingendes Rattern, ein irritierender Lärm. Er lief zur Tunnelöffnung und blickte hoch.

Wie aus durchsichtigem Gold schwebte der Hubschrauber am Himmel und kam näher und näher. Sein Kennzeichen konnte Ben nicht ausmachen, aber bestimmt war es der Helikopter des Jagd- und Fischerei-Amtes auf einer Routinestreife. Für Ben war es der schönste Anblick seines Lebens.

11

Ganz sicher konnte Ben nicht sein, doch als der Hubschrauber nach einer steilen Seitenkurve keine dreißig Meter vom Jeep entfernt sanft zu Boden schwebte, hätte er wetten mögen, daß Denny O'Neil der Pilot war.

Er war so froh, daß er wild auf dem Sims auf und ab hüpfte und sich die Lunge aus dem Leib brüllte. Dann verzog sich der bei der Landung aufgewirbelte Staub, und er konnte sehen, wie ein Mann ausstieg und geduckt unter den Rotoren hervorgelaufen kam. Er hatte einen Jagdaufseher erwartet, gehofft, daß es Les Stanton, der Inspektor wäre. Aber der Mann trug Zivil.

Ben beruhigte sich wieder, schonte seine Lunge und wartete ab, bis die Hubschrauberflügel zum Stillstand kamen. Während er noch darauf wartete, merkte er, daß, obwohl der Motor langsamer lief und die Flügel nur träge kreisten, die Maschine nicht abgestellt wurde. Natürlich würde sie auch nicht abgestellt werden. Nicht, wenn Denny O'Neil flog. Denn Denny hatte ihm einmal auseinandergesetzt: „Ben, dein Fehler ist, daß du meinst, alle Motoren möchten gern laufen. Nun, da hab ich eine Neuigkeit für dich — sie laufen nicht gern. Jedesmal, wenn sie sich darum drücken können, tun sie's auch. Und ein Motor ist raffiniert. Und heimtückisch. Ist oben in der Luft alles mit dem Hubschrauber in Ordnung und du hast eine Sicht bis sonstwo, dann läuft der Motor wie geschmiert. Aber hast du Ärger mit einer Schlechtwetterfront, mußt in einer engen Felsschlucht landen, aus der du, koste es, was es wolle, wieder *rausfliegen mußt* — dann läßt dich der Motor im Stich. Motoren haben nichts für Menschen übrig. Das kannst du mir glauben."

„Bin ich mit dem Hubschrauber draußen in der Wüste", hatte Denny weitererzählt, „spüre ich, wie dieses Ding nur darauf lauert,

daß ich irgendwie in einer Patsche stecke, um stehenzubleiben. Nun, soweit lasse ich es nicht kommen. Morgens starte ich diesen Schlaumeier und stelle ihn nicht eher ab, als bis ich wieder zu Hause bin."
Ben stellte sich an den Klippenrand, legte die Hände zu einem Trichter um den Mund und schrie aus Leibeskräften. Er brüllte weiter, sprang auf und ab, wiegte sich hin und her und fuchtelte mit den Armen.
Denny O'Neil stieg nicht aus dem Hubschrauber aus. Der andere Mann ging zu Madec, der jetzt neben dem Jeep stand, hinüber, und Ben beobachtete, wie sie miteinander sprachen.
Vermutlich mußten sie laut brüllen, um sich bei dem Motorenlärm verständlich zu machen.
Der Mann sah Les Stanton zwar ähnlich, trug aber ein purpurrotes Hemd über der gelben Hose und war ohne Hut.
Als Ben auf seine Schuhe blickte, wußte er, daß es nicht Les war. Les wäre es nicht im Traum eingefallen, in der Wüste weiße Halbschuhe zu tragen. Er versuchte zwar immer noch, ihre Aufmerksamkeit zu erregen, spürte aber, wie innerlich etwas in ihm erlosch.
Hier lag Madecs Stärke. Seine Lügen waren glatt und logisch, sie überzeugten.
Der Mann schüttelte Madec die Hand und wandte sich zum Hubschrauber.
Obwohl er wußte, daß es sinnlos war, schrie Ben immer noch, während er zusah, wie der Hubschrauber aus seiner Staubwolke hochwirbelte und davonflog.
So schnell, so schnell war er verschwunden, hinterließ nur das schwächerwerdende Geräusch von Dennys immer laufendem Motor, das ihn noch einen Augenblick länger zu verhöhnen schien.
Langsam ging Ben zurück in den Tunnel, stellte sich vor eins der größten, vom Wasser ausgespülten Löcher und sah nach unten.
Madec schritt energisch wieder auf den Restberg zu.
Ben ließ ihn nicht aus den Augen, bis er unter dem überhängenden Felsvorsprung verschwand. Lange blieb er einfach stehen, lauschte

niedergeschlagen auf das Gehämmer, hoffte, der Hubschrauber würde umkehren. Und wußte genau, daß er das nicht machte. Schließlich verließ er den Tunnel, wanderte über den Sims bis an dessen Ende. Dort beugte er sich so weit wie möglich vor und spähte, während er sich mit einer Hand an der Klippenwand festhielt, nach unten. Was immer Madec auch anpackte, machte er gründlich. Inzwischen war er angeseilt und stemmte ungefähr fünf Meter über dem Boden die Füße in die Fußstützen, die er sich aus dem Fels gehackt hatte, während das Seil an einem Zeltpflock festgemacht war, den er in eine Felsritze getrieben hatte. Gerade eben schlug er sich eine neue Stufe, und der Hammer glänzte in der Sonne.
Madec würde den Rest des Tages dazu brauchen, sich bis zum ersten Sims emporzuarbeiten. Von dort aus war das restliche Stück ein kleiner Spaziergang bergauf. Keine Schwierigkeit.
Bei Nacht würde Madec nicht hier hochklettern. Dazu war er zu vorsichtig.
Er würde erst seine kleinen Stufen in den Fels hauen, seine Zeltpflöcke einschlagen, wo er sie brauchte, und dann, wenn er damit fertig war, würde er die Nacht abwarten und am Morgen hochkommen.
Auf dem Weg zurück in den Tunnel stellte Ben fest, wie die Felsöffnung die Aussicht einrahmte, sie zu einem lebendigen Landschaftsbild machte.
Die Berge in der Ferne waren schroffe, lebendige Purpurmassive. Sie glichen nicht den alten, verwitterten, baumbedeckten Bergen, die er aus anderen Gegenden kannte. Diese Berge waren jung und robust, und ihre zackigen Gipfel und lebenstrotzenden Kämme hoben sich kräftig gegen den tiefblauen Himmel ab.
Sogar die Wüste schien nicht mehr der kahle, dürre Landstrich, sondern steckte voller Leben. Jahrelang konnte hier eine Pflanze in ihrem Wachstum ruhen, um dann, beim ersten Regentropfen, zu vollem Leben zu erwachen, ihre Blüten zu treiben, ihre Samen zu verstreuen und abzusterben — alles innerhalb von einem Tag.
Die Hammerschläge hatten aufgehört.

Der Gedanke, in dieser Wüste, in der er seit jeher gelebt hatte, von diesem Stadtmenschen umgebracht zu werden, war beleidigend und empörend.
Ben kam langsam auf die Beine und schritt zur schmalen Tunnelöffnung hinunter. Auf dem Weg faßte er seinen Entschluß.
Er saß auf der Steinkante und ließ die Füße in den zweigeteilten Trichter hinunterhängen. Vorgebeugt starrte er auf die steile, glatte Wand des Kaminschlots, studierte sie ganz bis unten hin, wo der obere Teil des ebenfalls zweigeteilten Trichterrohrs sich jäh verengte und so senkrecht hinunter auf das Geröllfeld führte.
Er achtete auf jede Gesteinsfalte, jede kantige Stelle, jede Gesteinsschicht. Er studierte jede Veränderung in der Basaltstruktur und merkte sich jede winzige Ritze in der Steinfläche.
Nach einer Stunde kehrte er zurück ans andere Simsende. Dort blieb er in Deckung und sah hinab in die Wüste. Sein Blick schweifte von dem Geröll am Fuß des Restbergs weiter über eine sandige Stelle bis hin zu dem schrofferen, felsübersäten Abschnitt, wo der Jeep parkte.
Im Laufe von vielleicht zehn Millionen Jahren war während weniger Sekunden eine Steinplatte aus dem Restberg herausgebrochen. Entweder durch die Erschütterung eines Erdbebens, durch einen gewaltigen Sturm oder durch Frost zusammengezogen, war der riesige Felsbrocken hinabgestürzt.
Als er unten in der Wüste aufschlug, wurde er in tausend Stücke zertrümmert.
Ein Stück, so groß wie ein Lieferwagen, war offenbar über das Geröllfeld hinausgerollt und lag jetzt als einzelner Brocken im Wüstensand. Madec war auf seinen Gängen immer diesem Steinbrocken ausgewichen, seine Fußspuren bildeten einen klar erkennbaren Trampelpfad um seine eine Seite herum.
Lange starrte Ben auf diese Spuren und auf den mächtigen Steinkoloß. Dann untersuchte er gewissenhaft die andere Umgebung. Außer dieser Fährte, die vom Jeep um den Felsbrocken herum auf den Restberg zulief, gab es keine weiteren Spuren.
Madecs Fußabdrücken nach zu urteilen, die auf dem harten Boden

nur oberflächliche Markierungen zeigten, jedoch tiefe Eindrücke im Sand, und schließlich auf dem Geröllfeld fast unsichtbar wurden, dieser Spur nach zu urteilen, schien der Wind ungefähr anderthalb Meter Treibsand rund um den Steinbrocken aufgetürmt zu haben.

Auf dem Weg zurück zur schmaleren Tunnelöffnung nahm er seine Beobachtungen wieder auf; jetzt berücksichtigte er die Lage des Steinbrockens in bezug auf das Trichterrohr und das von Madec um den Jeep errichtete Lager.

Eine Lage, die sehr günstig war, wie Ben feststellte.

Die Sonne sank jetzt tiefer, und Madec, der offenbar sein Tagewerk beendet hatte, erschien erneut, anscheinend auf seinem Rückweg zum Jeep.

Ben folgte ihm mit den Blicken, studierte jeden seiner Schritte, berechnete, welche Anstrengung er dazu aufbringen mußte.

Die zusammengerollte Seilrolle hing über Madecs Schulter, er hatte die Segeltuchtasche in der Hand, zwei Feldflaschen schlugen ihm gegen die Hüften und unter den Arm geklemmt trug er das Gewehr.

Er folgte seinem eigenen, ausgetretenen Pfad, ging um das östliche Ende des Steinbrockens herum und weiter auf den Jeep zu.

Ben beobachtete, wie ein paar Wachteln in den Tunnel spaziert kamen, um ihren Abendtrunk zu nehmen. Er machte keine Bewegung, während sie die Köpfe eintunkten und wieder hoben und murmelnd miteinander schwatzten. Im Dämmerlicht glänzte die Schleuder matt, aber er langte nicht danach.

Die Vögel marschierten wieder zum Ausgang, und, so als ob ihre Verschnaufpause vorbei sei, nahmen sie in fast militärischer Weise Aufstellung und starteten gemeinsam in einem sanften, plötzlichen Flügelschlag.

Ben griff nach der Schleuder und begann sie auseinanderzunehmen. Die Gummischläuche waren mit kräftigen, an den Enden eingekerbten Lederriemen an Gabel und Schlaufe befestigt. Es war ein leichtes, das Leder durch die Einkerbungen zu schieben und die Schlauchenden zu lösen.

Die innen hohlen Schläuche hatten ungefähr einen Durchmesser von einem Zentimeter, und das Gummi bildete eine dicke Wand.
Er blies durch beide Schläuche und legte sie dann auf den Boden.
Dann stopfte er die vier Lederriemen und die Lederschlaufe für das Schrot in den Munitionsbeutel, zog die Schnur fest zusammen und verknotete sie an einer Rauhschopffaser.
Mit einer anderen Faser band er die Gummischläuche an die Gabel und befestigte die Gabel dann an der ersten Pflanzenfaser.
Dann, im schwindenden Abendlicht, wickelte er vier Fasern zu einem dicken Seil zusammen, band Schleuder und Lederbeutel daran fest und legte sich die Schlaufe so um den Hals, daß ihm seine kleine Ausrüstung vorn über der Brust hing.
Im Dunkeln ging er ans andere Ende des Tunnels, wo er sich neben den Tümpel setzte; er zwang sich, an etwas anderes zu denken, als er die noch warmen Vögel und die Eidechse verschlang, deren Fleisch er von der rauhen, schuppigen Haut mit den Zähnen abreißen mußte.
Als er fertig war, beugte er sich über das Wasser und trank.
Lange nachdem sein Durst gelöscht war, trank er immer noch weiter, trank, bis ihm alles wehtat.
Sein nackter Körper schimmerte geisterhaft in dem finsteren Tunnel, als er anschließend wieder an den Trichterrand zurückkehrte, sich hinsetzte und die Füße hinunterbaumeln ließ.
Unten in der Wüste leuchtete die Camping-Laterne ganz hell, war wie ein greller, weißer, unerschrockener Lichtfleck. Gelegentlich konnte er Madec sehen, der sich hin und her bewegte.
Madec, flüsterte Ben beschwörend, du bist müde. Du hast heute prima Arbeit geleistet: hart gearbeitet und dufte gelogen. Du hast dir deinen Schlaf verdient. Außerdem *brauchst* du deinen Schlaf, denn morgen früh hast du was Großes vor.
Er sah, wie die Laterne unter dem Sonnenzelt hin und her fuhr und dann das ganze Zelt hell von innen erleuchtete.
Endlich wurde das Licht schwächer und verlosch plötzlich ganz.
Noch immer nicht ließ Ben das Lager aus den Augen, das nach dem Erlöschen der Laterne zuerst kaum zu erkennen war, dann

sich jedoch im Sternenschein wieder abzuzeichnen begann. Da er keine Bewegung bemerkte, gelangte er mit der Zeit zu der Überzeugung, daß Madec immer noch im Zelt war — mittlerweile eingeschlafen, wie er hoffte.
Doch gerade als er die Zeit für gekommen hielt, sprang er plötzlich auf und lief in den Tunnel zurück.
Dort wühlte er zwischen dem Vogeldung herum, fand sein letztes Rauhschopfblatt und zerriß es auf dem Weg zurück zum Kaminschlot in vier breite Streifen.
Nachdem er wieder saß, streifte er sich die Schleudergabel über den Kopf, zog die Blattstreifen daran auf und schob sie nach unten, bis sie zusammen mit Schleuder und Beutel herabhingen.
Jetzt war es soweit. Mit dem Rücken gegen den Felsen glitt er mit den Beinen hinab, rutschte vorsichtig über die Kante, bis er sich nur noch an den Händen festhielt, während seine Zehen unten über den Abhang streiften. Dann ließ er los.

12

Im Finstern war seine Geschwindigkeit beängstigend. Er lag jetzt auf dem Rücken und schoß mit den Füßen zuerst den steilen Felsschlot nach unten. Er hatte geglaubt, selbst im Dunkeln die Umrisse der Felswand wiederzuerkennen und zu wissen, wenn er die eine Unregelmäßigkeit streifte, wann die nächste kommen würde. Aber Hände, Haut, Hacken und Rücken erkannten nichts auf seinem Rutsch nach unten, und der schroffe Felsen fetzte ihm die Haut ab.

Sein Entsetzen über das Tempo wurde noch verstärkt durch die Gewißheit, nicht anhalten zu können, nicht einmal seine rasende Fahrt abbremsen zu können. Am schlimmsten war, daß er nicht sehen konnte, wohin er rutschte. Nur die vorbeischießende Felswand von gegenüber konnte er sehen und den sternbesprenkelten Himmel.

Die Schleudergabel klimperte gegen den Stein, die Rauhschopfblätter raschelten trocken darüber hin, und sein eigener, abwärts sausender Körper machte ein Geräusch wie ein hohles Tosen. Hin und wieder spürte er die Stellen, wo sich der Treibsand wie glühende Kohlen in seine Haut bohrte.

Seine Füße trafen so hart an der oberen Öffnung des Trichterrohrs auf, daß sie ihm die Beine stauchten und seine Knie nachgaben, ehe er seinen Sturz fortsetzte.

Dann sauste er durch das eigentliche Trichterrohr — die Füße flach gegen die eine Seite gestemmt, Hinterteil und Rücken gegen die andere.

In dieser Lage rutschte er noch drei Meter tiefer, ehe er sich abfangen konnte.

So blieb er dann in der Schwebe hängen, und nur der Reibungswiderstand von Füßen und Rücken bewahrte ihn davor, den langen, düsteren und engen Felsschlund weiter nach unten zu schießen.

Er beugte sich so weit über die angewinkelten Knie, bis er spürte, wie der verminderte Druck auf seinem Rücken brenzlig wurde und spähte dann zwischen den Beinen hindurch nach unten. Ja, wenn er vorsichtig war, konnte er es schaffen!

Er hatte keine Ahnung, wie lange es dauerte, bis er endlich unten im Wüstensand anlangte, aber schließlich war er im Schatten des Restbergs zum Stehen gekommen. Seine Muskeln entspannten sich langsam, sein Atem ging ruhiger, seine Schmerzen klangen ab, waren nicht mehr ein schrilles Stechen sondern nur noch ein bohrender Druck.

Das Lager schien im Mondlicht sehr weit entfernt und völlig ohne Leben, und nirgendwo rührte sich etwas.

Und plötzlich überfielen ihn Zweifel. Jetzt stand er hier, nur ein paar bequeme Schritte vom Zelt entfernt, wo Madec schlief. Das war auf einmal etwas ganz anderes, als dort oben im Tunnel zu stecken. Da oben war sein größtes, wichtigstes Problem gewesen, überhaupt erst einmal runterzukommen.

Doch als er nun Zelt und Jeep deutlich vor sich sah, begann er zu zweifeln, ob der Plan, den er oben auf dem Restberg so sorgfältig ausgearbeitet hatte, wirklich die beste Lösung war.

Jener Plan war so langwierig, zeitraubend, so gefährlich.

Wäre es nicht einfacher, weniger gefährlich, seelenruhig rüber ins Lager zu schleichen, die Hornet aus ihrem Futteral an der Windschutzscheibe zu ziehen, ins Zelt zu gehen und Madec beim Aufwachen die Gewehrmündung unter die Nase zu halten?

Es sei denn, daß ihn Madec im Dunkel kommen hörte oder sah und ihm auflauerte. Dann würde ihn das schwere Gewehr zerfetzen, ehe er auch nur den Jeep erreichte.

Oder wäre es keine bessere Idee, hinter dem einzelnen Steinbrocken versteckt zu warten, bis Madec morgen früh zum Restberg ging? Ihn dann, wenn er vorbeikam, mit der Schleuder zur Strecke zu bringen?

Was aber, wenn Madec zufällig einen anderen Weg wählte?

Oder, warum soll ich mich, mit Wasser für achtundvierzig Stunden im Bauch, nicht ganz einfach auf den Heimweg machen? überlegte er. Loslaufen, soweit ich komme, bis die Sonne zu sehr brennt, einen Unterschlupf suchen und nach Sonnenuntergang weitergehen. Einen Unterschlupf — aber wo? Laufen — in was? Zweiundsiebzig Kilometet auf Pflanzenblättern? Nein. Der Plan, den er da oben geschmiedet hatte, war der beste. Langwierig, ja, aber vorsichtig. Und die Gefahr dabei beschränkte sich nur auf eins: die .358er.
Auf seinem Marsch am Fuß des Restbergs entlang trat er absichtlich auf die flachesten, grauesten Steine, die er sehen konnte; dann bückte er sich und schaute sich an, wo er aufgetreten war. Er wußte, daß sein Rücken von den Schürfwunden bluten mußte, aber es waren offensichtlich keine klaffenden Wunden, denn er hinterließ keinerlei Blutspuren auf den Steinen. Als er weiterging, konnte er richtig spüren, wie die Wüstenluft das Blut auf seinem Rücken antrocknete, eine Schorfschicht bildete, die unmerklich an seinen Nervenenden zupfte.
Mit vorsichtigen Schritten und immer außer Sichtweite des Lagers folgte er dem Sockel des Restbergs, bis er an die Stelle kam, wo er Madecs Zeltpflöcke und Fußstützen in der steilen Felswand sehen konnte.
Hier drehte er sich um und blickte hinüber zu dem im Sand eingebetteten Felsbrocken. Er lag etwa auf halber Strecke zwischen Restberg und Jeep und versperrte ihm völlig die Sicht auf das Lager. Er tröstete sich damit, daß so auch Madecs Sicht blockiert wurde. Dann langte er hinter sich auf den Rücken, riß die Blattstreifen ab und nahm sie zu einem Büschel in je eine Hand.
Als er soweit war, schlug er die Richtung zum Jeep ein und folgte dabei Madecs ausgetretenem Pfad.
Er ging rückwärts und vornübergebeugt, blieb häufig stehen, um sich nach dem Jeep umzusehen und zu lauschen und verwischte sofort im Gehen seine Fußabdrücke mit den Blätterbüscheln. Er bemühte sich nicht, sie ganz auszulöschen, sondern sie nur soweit unkenntlich zu machen, daß seine nackten Fußstapfen nicht wie schreiende Signale über den Stiefelabdrücken darunter lagen.

Der Marsch zwischen Restberg und Felsbrocken dauerte länger, als er erwartet hatte. Das beunruhigte ihn, denn er hatte noch viel zu tun, was sich nur ausführen ließ, solange Madec schlief. Endlich erreichte er den Steinbrocken. Dort verließ er Madecs ausgetretene Spur, und, ohne sich um die Abdrücke zu kümmern, die er in dem losen, tiefen Sand hinterließ, ging er an der, dem Jeep abgekehrten Seite des grauen Kolosses entlang.
Ungefähr in der Mitte blieb er stehen und kniete sich hin.
Der Sand war ausgezeichnet, locker, trocken — und tief. Da sah er kein Problem.
Auf dem Weg zurück zum Pfad ging er wieder rückwärts und löschte dabei seine Fußspuren neben dem Felsbrocken vollkommen aus. Der Zeitaufwand fuchste ihn zwar, aber ihm war klar, daß er es tun mußte; und zwar sorgfältig und gewissenhaft.
Am von Madecs Spuren entferntesten Ende des Steins begann er dann zu graben. Er benutzte die Hände wie eine Schöpfkelle und häufte den Sand vorsichtig neben das ausgehobene Loch.
Nach einer Weile prüfte er die Grube, fand sie zu flach und buddelte weiter, bis sie tief genug war.
Daraufhin stellte er sich in sein ausgehobenes Loch, reichte mit den Blätterbüscheln heraus und verwischte ringsherum alle Spuren. Wenn doch die dürren Rauhschopfblätter nicht so viel Lärm machen würden, wünschte er die ganze Zeit über im stillen.
Als er fertig war, legte er die Büschel sorgsam in das Loch und streifte die Schleudergabel über den Kopf.
Er machte die Gummischläuche los und packte dann Schleuder und die noch an der Gabel befestigte Lederschlaufe auf die linke Seite.
Jetzt war er soweit. Und doch zögerte er, konnte nicht die Panik überwinden, die ihn plötzlich überfiel und bei der ihm buchstäblich schlecht wurde.
Er mußte sich dazu zwingen, aber schließlich stieg er runter in die Grube und rollte sich langsam herum, bis er ausgestreckt auf dem Rücken in dem grabförmigen Schacht im Wüstensand lag. Die Schleuder drückte sich lästig gegen ihn, und er schob sie etwas

beiseite. Dann setzte er sich hoch und begann sich den Sand überzuwühlen, zuerst über die Füße, dann über die Beine.
Als er dabei nicht mehr sitzen konnte, legte er sich wieder lang hin, holte die warme, trockene Masse über sich, über Bauch und Brust und dann höher, bis er sie knirschend in den Barthaaren spürte.
Dann hielt er inne und griff nach den zwei Gummischläuchen.
Mit der Linken steckte er das eine Schlauchende in sein linkes Ohr. Sobald es fest saß, hielt er es dort mit der linken Hand fest, während er behutsam Sand an der linken Kopfseite hoch und um das Ohr häufte. Seine Finger rutschten langsam am Schlauch höher, hielten ihn aufrecht, und er schüttete weiter Sand auf, bis zur Höhe seiner Augen.
Anschließend steckte er das Endes des anderen Schlauches mit der rechten Hand in seinen Mund. Dort klemmte er es mit den Zähnen fest, schwenkte damit ein bißchen zur Seite, so daß er jetzt beide Schläuche mit der linken Hand hochhalten konnte.
Mit beiden Schläuchen immer noch in Ohr und Mund preßte er das Kinn gegen die Brust, damit seine Nasenlöcher nicht zu schlimm verstopften.
Noch einmal blickte er hoch in den klaren, weiten Himmel. Der Mond war untergegangen und die Sterne verblaßten.
Dann schloß Ben die Augen und schaufelte sich mit der Rechten den Sand über den Kopf, türmte ihn um das rechte Ohr herum und höher. Der Sand fegte in kleinen trockenen Wellen über sein Gesicht, deckte Augen, Nase und Stirn zu.
Als beide Schläuche durch den Sand sicher an ihrem Platz gehalten wurden, ließ er sie los und wühlte die linke Hand und den Arm unter den Sand, bis er dicht an seiner Seite lag.
Mit der rechten Hand schichtete er weiter Sand über sich und tastete ab und zu nach den Schlauchenden.
Als schließlich die Schläuche nur noch zwei Zentimeter über die Sandfläche hinausragten, hielt er plötzlich in panischer Angst inne. Ließ er soviel von den Rohren herausstehen, konnten sie Madec leicht auffallen. Schüttete er andererseits den Sand bis **ganz**

an die Öffnungen hoch, um sie so vollkommen zu verstecken, konnte der kleinste Windstoß Sand über sie hinwegtreiben.

Damit würde Sand durch die Röhre in sein Ohr dringen und seinen einzigen Kontakt zur Außenwelt abschneiden. Schlimmer noch, der verwehte Sand konnte ihm die Luftzufuhr abschneiden, ihn somit zwingen, den Kopf hochzustoßen und von allen Seiten gesehen zu werden.

Er kämpfte die Panik nieder und fing an, den Sand ganz behutsam in kleinen Häufchen um die Schlauchenden zu schichten. Auf diese Weise lagen sie, wie er hoffte, versteckt und gleichzeitig konnte der Wind keinen Sand in sie hineinblasen.

Sobald er mit den Schläuchen fertig war, reichte er blindlings so weit er konnte und glättete den Sand über sich, damit Madec hoffentlich nicht merkte, daß er hier in Unordnung gebracht worden war.

Zum Schluß legte er den rechten Arm ausgestreckt an die Seite und drückte ihn sanft hinein nach unten. Als er ihn unten neben sich hatte, fiel ihm ein, daß er nichts mehr gegen den Abdruck tun konnte, den der Arm oben auf der Sandfläche hinerlassen hatte.

Er konnte nur hoffen, daß es eine unkenntliche, undeutliche Spur im Sand war, die Madec nichts verriet, sollte sein Blick zufällig auf seinem Weg zum Restberg darauf fallen.

Eine ganze Weile — wie lange, wußte er nicht — war er derartig mit Kleinigkeiten beschäftigt, daß er den Horror ganz verdrängt hatte. Zuerst war es der Schlauch in seinem Mund. Obwohl er schon eine Zeitlang durch ihn geatmet hatte, machte er sich plötzlich Gedanken, fragte sich, ob er weiter hindurchatmen konnte, auch stundenlang, wenn es nötig wäre.

Es ging ganz leicht. Die Luft strömte ungehindert hinein und genau so leicht wieder hinaus. Er mußte lediglich daran denken, nicht durch die Nase ein- oder auszuatmen.

Als nächstes beunruhigte ihn, nichts durch den Schlauch in seinem Ohr hören zu können. Eine Totenstille schien sich über die ganze Welt gelegt zu haben.

Wenn er nichts hören konnte, war alles sinnlos. Dann könnte

das hier genau so gut sein eigenes Grab sein. Sein Gehör war sein einziger Kontakt zu Madec.
Seine ganzen Sinne schienen sich in seinem linken Ohr zu konzentrieren, versuchten irgendeinen Laut dazu zu bewegen, durch den Schlauch zu dringen. Entsetzen packte ihn. Ist der Schlauch etwa verstopft?
Er kämpfte gegen die Panik an, die jetzt klare Form angenommen hatte, zu einer Kraft geworden war, die er wie zusammengepreßte Sprungfedern unter sich fühlte, die jeden Augenblick hochschnellen konnten und ihn herausschleudern.
Er holte tief Luft, hielt sie kurz an und preßte sie dann mit einem Pfeifen durch den Schlauch. Das Geräusch, mit dem sie draußen entwich, kam laut und deutlich.
Er spürte richtig, wie der Sand nachgab, als er sich vor lauter Erleichterung entspannte. Und unvermittelt erkannte er darin eine neue Gefahr. Auf einmal merkte er, wie sehr sich der Sand bei jedem Atemzug auf seinem Körper bewegte.
Wieder überkam ihn Panik, blindes Entsetzen flutete in Wellen über ihn hinweg.
Das ist mein Grab. Ich liege in meinem Grab. Bin lebendig begraben.
Er hatte keine Kontrolle darüber. Und so, als ob er gar nicht zu ihm gehörte, hörte er seinen Atem durch den Schlauch pfeifen und röcheln. Nur noch ein Gedanke beherrschte ihn: daß er hier beerdigt lag und Madec vollkommen ausgeliefert.
Diese Panik ließ ihn nicht mehr los, aber er zwang sich dazu, ganz flach zu atmen, befahl seinem Bauch, mit dem wilden, panischen Aufbäumen aufzuhören.
Allmählich merkte er, wie die Luft, die er einatmete, wärmer wurde. Inzwischen mußte die Sonne schon hochstehen, der Tag weit fortgeschritten sein.
Wo blieb Madec? Was machte er? War er schon vorbeigegangen? War er jetzt am Restberg? Kletterte er vielleicht schon hoch? Wenn Madec bereits zum Restberg aufgebrochen war, würde er auch hochklettern. Dann, wenn er entdeckte, daß Ben fort war,

würde er als erstes die Wüste mit seinem Feldstecher absuchen.
Fand er ihn dann nicht, würde er sich daranmachen, den Boden nach Spuren zu untersuchen...
Wieder hatte Ben das Gefühl, wie sich das Grab über ihm schloß.
Das Rauhschopfblatt! Ein grünes Etwas, wo es nichts Grünes gab... Ein Blatt, eindeutig von Menschenhänden auseinandergerissen.
Lag es noch oben im Sand?
Idiot. Idiot. Idiot.
Nein. Er hatte es vergraben.. da! Jemand sprach. Er hörte Stimmen...
Sie waren weit weg, waren ohne Worte. Aber Stimmen. Wie der dünne Klang des Fernsehers aus großer Entfernung. Ein monotoner, hoher Ton.
Das Radio im Jeep.
Auf die Stimmen folgte Musik, die dann unvermittelt abbrach und Ben wieder in völliger Stille ließ.
Jetzt konnte es nicht mehr lange dauern, dachte er und hörte seinen eigenen Atem aus dem Schlauch entweichen.
Er atmete ruhiger, langsamer — dämpfte den Laut zu einem leichten Wispern.
Von irgendwoher kam ein dumpfes, undeutliches Klirren. Als er gespannt hinhörte, wurde ihm klar, daß die Geräusche, die durch den Schlauch drangen, ohne Richtung waren; aus dem Schlauch selbst zu stammen schienen.
Das Klirren eben konnte vom Restberg her gekommen sein — Madec, der einen Pflock eintrieb — oder auch vom Jeep.
Allerdings konnte Madec in der kurzen Zeit seit dem Abstellen des Radios den Berg nicht erreicht haben.
Ben erkannte, daß er jedes Geräusch durch den Klang selbst analysieren mußte, denn weder Richtung noch Herkunft konnten ihm dabei helfen.
Er war müde; die angespannte Konzentration und seine Angst hatten ihn völlig ausgelaugt. Komm, Madec! dachte er. Komm doch endlich!

13

Für Madec ein Kinderspiel, ihn umzubringen, überlegte Ben.
Madec brauchte nur seine Spuren auf dem ausgetretenen Pfad zu bemerken, oder der Sand, unter dem er lag, war so durcheinandergebracht, daß er seine Aufmerksamkeit erregte, oder er entdeckte ganz zufällig die zwei kleinen, aus dem Sand ragenden Schläuche...
Wie einfach war es dann für ihn, zu Bens Grab hinzugehen, sich oben draufzustellen und den Finger auf die Schlauchöffnung zu pressen. Wenn Madecs Gewicht zusammen mit dem schweren Sand auf ihn drückte, wäre er mit den, an die Seiten geklemmten Armen völlig wehrlos — und in zwei, drei Minuten tot.
Das war verhängnisvoll. Mittlerweile war jedoch zu viel Zeit verstrichen, um es noch zu ändern.
Er konnte sich jetzt nicht mehr rühren, konnte nicht mehr aus dem Sand hochspringen und fliehen.
Er steckte hier in einer Falle — die Madec selbst nicht besser hätte planen können.
Ben konnte nicht ausmachen, aus welcher Richtung die Schritte kamen. Unmöglich, das auseinanderzuhalten. Aber sie näherten sich. Zuerst hörte er nur leises Gewisper, aber jetzt konnte er Madecs feste Stiefel deutlich auf den kleinen Steinen vernehmen.
Das Geräusch brach ab.
Er ist stehengeblieben, dachte Ben entsetzt. Er hat etwas gesehen und geht nicht weiter.
Sekundenlang kam ein schwacher, undefinierbarer Laut durch den Schlauch. Dann war es wieder still.
Hatte Madec das Gewehr von der Schulter genommen? Oder Werkzeugtasche und Seil hingelegt?
Wieder hörte er den Laut, aber er war so leise, so undeutlich, daß er nicht mal raten konnte, was ihn hervorrief.

Dann spürte er eine Bewegung, spürte, wie sich der Sand um ihn leicht zusammenzupressen schien.
Madec kommt auf mich zu, dachte er. Er hat die Schläuche gesehen und kommt jetzt.
Schon wollte er die Rohre einziehen, zu sich unter den Sand, dann sah er ein, daß das allein ihn schon das Leben kosten konnte.
Außerdem mußte er dazu einen Arm bewegen — und das würde ihn genauso umbringen.
Er war vollkommen wehrlos.
Der fast unmerkliche Druck gegen den Sand hielt an — kam, wie es Ben erschien, in schnellen, regelmäßigen Abständen.
Dann hörte die Bewegung auf.
Steht er über mir und sieht sich die Schläuche an?
Was macht Madec nur? Warum zögert er so lange?
Wie als Antwort vernahm Ben ein schwaches, offenbar weit entferntes Klimpern. Ein winziges, metallisches Pingen.
Er hörte es wieder und wieder.
Madec hämmerte auf etwas herum.
Ben lauschte angespannt.
Er schlug nicht gegen Stein, sondern gegen Metall.
Sofern der Mann *nicht* ahnte, wie sich alle Geräusche auf ihrem Weg durch den Schlauch anhörten, auch *nicht* wußte, daß Ben sie ganz ohne Richtung empfing und so verzerrt, daß er sie kaum identifizieren konnte — in dem Fall war Madec jetzt am Fuß des Restbergs und trieb seine Metallhaken in die Felswand.
Wußte Madec hingegen Bescheid, brauchte er nur einen halben Meter weit weg zu stehen und einfach den Ring des Gewehrriemens gegen den Lauf klimpern zu lassen.
Aber, woher sollte er wissen, wie sich ein Geräusch verhielt, das durch einen Schlauch direkt ins Ohr tönte?
Er konnte es nicht wissen, entschied Ben. Während er sich mit Armen, Schultermuskeln und Nacken abstemmte, arbeitete er den Kopf langsam durch den schweren Sand. Kam zentimeterweise höher, bis seine Ellbogen unter dem Rücken waren.
Als er den Kopf aus dem Sand gehoben hatte, schüttelte er sich

nur den Sand aus den Augen und machte sie dann auf.
Madec hatte es fast bis ans obere Ende der Steilwand geschafft; wenige Meter über ihm führte der breite Sims hoch zum Gipfel des Restbergs. Er stand gerade in einer Fußstütze, die er sich aus dem Fels gehauen hatte. Das Seil um seine Taille war an einem Zeltpflock befestigt, den er unmittelbar über seinem Kopf in die Wand geschlagen hatte.
Er wirkte wie ein riesiges, entstelltes Insekt, wie er sich dort an die Wand festklammerte und zurückgelehnt den Fels methodisch mit dem Meißel bearbeitete.
So schnell er konnte, kletterte Ben aus seinem Grab und begann den Sand wieder hineinzuschaufeln. Die schlauchlose Schleudergabel war schon fast ganz zugedeckt, als er sich anders besann und sie herausfischte.
Er strich den Sand eilig glatt und bemühte sich, nur flüchtige Fußabdrücke zu hinterlassen, als er auf Madecs ausgetretenen Pfad zuhielt. Dann, hinter dem Felsbrocken, fing er an, auf den Jeep zuzurennen.
Im Laufen überlegte er, wo Madecs Gewehr sein mochte, versuchte sich zu erinnern, ob Madec es sich umgehängt hatte. Er konnte sich nicht entsinnen, es überhaupt gesehen zu haben.
Vielleicht fühlte sich Madec, der noch nicht bereit zum Aufstieg war, so sicher, daß er das Gewehr nicht einmal mitgenommen hatte. Vielleicht lag es zusammen mit der Hornet im Jeep.
Er schob diese Hoffnung beiseite, wollte sich dadurch nichts trüben lassen.
Auf das Gewehr mußte er sich als erstes konzentrieren. Solange Madec im Besitz des Gewehrs war, konnte er ihn nicht anlocken, ihn nicht unter Kontrolle behalten. Hatte er aber erst einmal die Waffe...
Immer noch fünf Meter vom Jeep entfernt, entdeckte er den abgewetzten Schaft der Hornet, der aus dem Stahlgehäuse unter der Windschutzscheibe ragte.
Der Anblick tat ihm wohl. Er liebte die veraltete, abgenutzte Flinte, die ihm schon als Junge gehört hatte. Die modernen Ge-

wehre waren zwar rasanter, mit größerer Schnelligkeit, flacherer Schußbahn und besserer Treffsicherheit. Aber Ben wußte bis auf den Millimeter genau, was die alte Hornet leisten konnte — und was nicht — und für ihn genügte sie.
Wie der Blitz bog er hinter den Jeep und dort, wo ihn Madec nicht sehen konnte, hockte er sich hin und peilte über den hinteren Wagen.
Madec hämmerte an der Felswand immer noch drauflos.
Die schwere .358er Winschester lehnte unten gegen die Wand. Die Gewehrunterseite zeigte auf Ben hin, und der metallene Abzugsbügel hob sich dunkel gegen das polierte, hellbraune Holz des Schafts ab.
Ganz bestimmt würde er mit einem, höchstens zwei Schüssen aus der Hornet die große Waffe außer Gefecht setzen können. Zuerst würde er auf den Abzugsbügel zielen, ihn hoffentlich zerschmettern und damit den Abzug verklemmen. War es damit nicht getan, konnte er das ganze Gewehr zusammenschießen, den Patronenrahmen blockieren, das Zielfernrohr ruinieren, vielleicht sogar den Hahn lossprengen — und alles, ehe noch Madec von der Felswand runterkommen konnte. Immer noch geduckt, schlich er sich seitwärts am Jeep entlang, reichte nur mit der Hand hoch, packte die Hornet und zog sie langsam aus dem Futteral.
Dann kehrte er hinter den Jeep zurück, wo er sich hinkauern und den Gewehrlauf draußen auf dem Kanisterrahmen ablegen konnte.
Er rückte sich zurecht, schob das Gewehr langsam vor und tat einen flüchtigen Blick durch das Zielfernrohr.
Die vierfach vergrößernde Linse holte ihm den Abzugsbügel ganz dicht vors Auge.
Kleine Fische, dachte er. Automatisch tastete er nach dem Schloß, wollte prüfen, ob eine Patrone im Lauf steckte.
Das Schloß war fort.
Ben starrte dorthin, wo es hätte sein sollen. Er sah die oberste Patrone im Patronenrahmen, die Messinghülse glänzte blank und neu, während die messingverkleidete Kugel von matterer Farbe war.

Ohne Schloß waren Gewehr und Patronen wertlos. Ein Metallrohr, kleine Hülsen mit Schießpulver, ein Vergrößerungsglas.
Ben schlich sich am Jeep entlang, bis er ins Handschuhfach langen konnte. Er wühlte darin herum und identifizierte den Inhalt mit den Fingern: die Gummitasche mit dem Medikament gegen Schlangenbisse, Papiere, eine Streichholzschachtel, ein Paar Handschuhe, ein Plastiketui für seine Sonnenbrille.
Das Gewehrschloß fand er nicht.
Er mußte es riskieren, gesehen zu werden, als er in den Jeep kletterte und ihn durchsuchte, während er Madec so gut es ging im Auge behielt. Aber das Schloß war nicht da.
Er duckte sich, hob den Kopf gerade so hoch, um durch die Windschutzscheibe zu sehen und starrte auf Madecs Gewehr, das in der heißen Sonne gegen die Klippe lehnte.
Konnte er schnell genug rüberlaufen, sich das Gewehr schnappen, ehe Madec die Felswand runterkam?
Nein. Eine Seilschlinge um einen der Zeltpflöcke reichte bis ganz auf den Boden. In Sekundenschnelle konnte sich Madec am Seil herunterlassen. Wenn Ben dann auf ihn zugekeucht kam, würde er ihn bereits mit dem Gewehr in der Hand erwarten.
Einen Augenblick lang sackte er auf dem Fahrersitz zusammen und tauchte so aus Madecs Blickfeld. Ihm war zum Heulen zumute. Dann dämmerte ihm langsam, daß es nicht das fehlende Hornetschloß war, das seine Pläne durchkreuzte. Sondern der Mann drüben, der gegen die Felswand hämmerte.
Madec.
Und Ben fiel ein, daß er in den letzten Minuten nicht einmal mehr an Madec gedacht hatte.
In den Bergen, oben auf dem Restberg hatte er das Gefühl gehabt, an Madec gekettet zu sein, nicht von ihm loszukommen. Und das hatte seine ganzen Unternehmungen kompliziert und gefährlich gemacht.
Jetzt, hier im Jeep, war alles so einfach.
Er war nicht mehr an Madec gefesselt.
Er brauchte ja nur zurück in die Stadt zu fahren und zum Sheriff zu gehen.

Eine Sache von sechs, vielleicht sieben Stunden.
Der Sheriff und er würden noch vor Sonnenuntergang mit dem Hubschrauber wieder hier sein.
Madec würde nichtmal richtig von seinem Fußmarsch erschöpft sein, wenn sie ihn einluden.
Ben rutschte im Sitz so weit hoch, um nach Madec Ausschau zu halten, der gerade mit dem Seil hantierte.
Plötzlich entspannte sich Ben. Ihm wurde klar, daß er so viel Zeit hatte, wie er wollte.
Madec hatte noch ein hartes Stück Arbeit vor sich, bevor er den ersten Sims erreichen konnte.
Das kostete Zeit. Ehe er aufstieg, mußte er noch das Gewehr von unten holen. Und wieder hochklettern.
Der beste Augenblick, sich davonzumachen, war, wenn Madec den Gipfel erklommen hatte und drunten im Tunnel nach ihm suchte.
Ben sah in die Wüste hinaus, wählte sich seine Fahrspur. Mindestens anderthalb Kilometer lang konnte er den Jeep im Zweiradantrieb steuern. Der Boden hier war fest genug, um beim Start richtig loszuschießen und innerhalb von Sekunden könnte er fünfzig bis sechzig Stundenkilometer machen. Mit etwas Glück wäre er außer Schußweite der schweren Winchester, ehe Madec auch nur auf den Motorenlärm reagierte.
Er blieb noch einen Moment sitzen und genoß dieses unverhoffte Gefühl der Freiheit. Die Kette, die ihn und diesen Mann an die Felsklippe fesselte, war gesprengt.
Ben grinste, als er beschloß, daß es vielleicht einen besseren Eindruck machte, nicht nackt in der Stadt aufzukreuzen. Er rollte sich aus dem Jeep und kroch nach hinten. Im Jeep selbst waren keine Kleidungsstücke, so schlich er sich weiter zum Zelt.
Madec hielt sein Lager ordentlich instand, sein Bratfeuer glimmte noch ein wenig in dem kleinen Ring von Steinen, alle Wasser- und Lebensmittelvorräte waren aus der Sonne in den Schatten genommen. Im Zeltinnern mußte Ben beim Anblick von Madecs Schlafsack fast laut auflachen. Er war sorgfältig zusammengerollt und in der Tragetasche verstaut.

So sicher warst du also, ihn nicht noch für eine Nacht zu brauchen, wie, Madec? dachte Ben.
Nun, du brauchst ihn auch nicht. Im Gefängnis erwartet dich ein richtiges Bett.
Madecs Lederkoffer war abgesperrt und der schwere Seesack aus Segeltuch war oben mit einem dünnen Metalldraht zugeschnürt und ebenfalls verschlossen.
Von seinen oder den Kleidern des alten Mannes keine Spur. Madec hatte sie wohl im Seesack versteckt, vermutete er.
Später hatte er noch Zeit genug, den Seesack aufzumachen. Während er Koffer, Schlafsack und Campinglaterne im Zelt ließ, lud er den Seesack, Wasser und Proviant hinten in den Jeep.
Soweit war alles fertig. Als er auf den Fahrersitz rutschte, warf er noch einen Blick hinüber zu Madec an der Felswand. Der Mann hatte den Sims beinahe erreicht.
Wie nebenbei griff Ben nach dem Zündschlüssel. Komisch, er war nicht einmal überrascht, daß der Schlüssel fehlte.
Typisch Großstädter, dachte Ben. Die Zündschlüssel abziehen — bei einem Wagen, mitten in der Wüste und weit weg von allem! Hatte wahrscheinlich die Schlüssel in der Tasche, der Idiot.
Kein Problem. Um einen Jeep kurzzuschließen, mußte man nur den linken Draht mit einem Ruck aus dem Zündschloß ziehen und ihn um den rechten Stecker wickeln.
Gerade wollte er dazu unter das Armaturenbrett greifen, als er noch einmal kurz zu Madec rübersah.
Der Kerl rührte sich nicht, hing nur in seiner Seilschlaufe und blickte hoch, so, als ob er sich seinen nächsten Schritt überlegte.
Diese Stille beunruhigte Ben etwas. Der Jeep war funkelnagelneu — ihm fiel ein, welche Schwierigkeiten er beim Starten gehabt hatte, als er hochfuhr, um den Alten einzuladen — und seither hatte Madec den Wagen noch mehr durchgeschaukelt.
Es hatte keinen Sinn, sich ganz auf einen losen Draht zu verlassen. Wenn er nämlich erst einmal mit dem stromführenden Draht gegen den Stecker schnellte — mußte der Jeep einfach losfahren!
Wieder hämmerte Madec drauflos, als Ben auf Händen und Knien

um das Fahrzeug kroch, zuerst die eine, dann die andere Seite der Motorhaube losklinkte und sie gerade so weit hochstemmte, um die Hände drunter durchstecken zu können.
Das erste, was er berührte, war die Verteilerkappe.
Das schwarze Plastik fühlte sich warm und ölig an.
Sie lag nur lose obenauf.
Der Verteilerrotor war verschwunden, und die genutete Welle reckte sich nackt und kahl heraus.
Langsam zog Ben die Hand zurück und ließ die Motorhaube herunter.
Wie betäubt kroch er wieder zurück hinter den Jeep und setzte sich. Er wußte, daß er nach dem Verteilerrotor suchen sollte, Koffer und Seesack aufbrechen sollte, zwischen den Konservendosen herumwühlen und in den Wasserkanistern danach fischen, sogar unter den Jeep kriechen sollte, wo Madec möglicherweise beides, den Verteilerrotor und das Hornetschloß mit Klebestreifen festgemacht hatte.
Und trotzdem blieb er einfach sitzen, sah ein, daß alles Suchen sinnlos war. Zündschlüssel, Gewehrschloß und Rotor steckten in Madecs Tasche oder in der Werkzeugtasche, die Ben am Restberg, unten auf dem Boden gesehen hatte.
Madecs Gehämmer tönte fast fröhlich, ein regelmäßiger, klingender Taktschlag in der Stille.
Die Kette zwischen ihnen bestand wieder; er und Madec waren wieder aneinandergefesselt.
Der Eindruck, den er im Tunnel gehabt hatte, kehrte allmählich wieder. Er, nicht Madec, mußte diese Kette einholen. Er mußte Madec zu sich locken, immer näher ziehen, bis er ihn schließlich mit der ausgestreckten Hand berühren konnte.
Ben las die Schleuder auf, dort wo er sie in den Sand hatte fallen lassen und entdeckte dann die beiden Gummischläuche, die immer noch auf der hinteren Wagenklappe lagen.
Aus dem Munitionsbeutel holte er die Lederriemen, knüpfte damit die Schläuche wieder fest und spannte sie zur Probe, indem er die leere Schlaufe bis ans Kinn zurückzog.

Immer noch geschützt durch den Jeep, stand er auf und untersuchte das Gelände zwischen sich und dem Restberg.
Er konnte nicht rüber zu Madec gehen, konnte sich nicht in die freie Wüste hinauswagen. Mit der Hornet hätte er es geschafft — mit dem Gewehr hätte er Madec an der Felswand festnageln können. Aber die Schleuder brachte das nicht fertig.
Madec mußte also zu ihm kommen.
Ein Signal mit der Hupe würde das bewerkstelligen — schnellstens. Aber damit hatte er nichts gewonnen, wenn Madec sich ihm bewaffnet näherte und schußbereit.
Er muß unbekümmert zu mir kommen, dachte Ben. Muß sich sicher und ungefährdet fühlen.
Er machte den Lederbeutel auf und entleerte ein Dutzend Schrotkugeln auf die weiße Fläche der heruntergeklappten Hecktür und legte sie sorgfältig mit zwei Zentimetern Abstand voneinander in eine Reihe. Dann legte er die Schleuder hin und griff ins Handschuhfach.
Ohne Madec und seine Manöver aus den Augen zu lassen, ging er ins Zelt und öffnete den Reißverschluß der Tragetasche.
Mit leisem Bedauern zog er Madecs Schlafsack heraus. Es war ein Prachtstück, ganz aus weichem Nylon und Daunen; vermutlich hatte Madec ein Vermögen dafür bezahlt.
Er rollte ihn auseinander, stieß ihn dicht an die Zeltwand und warf die Tragetasche gegen die andere Wand.
Dann hakte er die Campinglaterne los, diesmal richtig froh über Madecs Ordnungssinn. Nicht einmal im Ölbehälter schwappte es. Er schraubte den Verschluß ab, tränkte Schlafsack und Tragetasche mit dem neunzig Oktan-Benzin und kippte die letzten Tropfen auf dem Bodenschutz aus.
Gerade wollte er die Laterne auf den Boden stellen, schraubte dann jedoch den Verschluß wieder sorgsam auf und warf sie auf den Schlafsack.
Erst als er weiter draußen unter dem Sonnenzelt war, strich er das Streichholz an und schnippte es auf den Schlafsack.
Es überraschte ihn, daß Madec offenbar nicht die erste dumpfe,

aber doch lautstarke Explosion hörte, als Gas hochschoß, und das Zelt wie davon aufgebläht erschien.

Das Zelt war aus einem feuerhemmenden Gewebe hergestellt und brannte langsam aber unter starker Rauchentwicklung. Ben hatte sich mit der Schleuder in der Hand hinter dem Jeep versteckt und behielt beides — das brennende Zelt und Madec — im Auge.

Der Kerl wollte sich einfach nicht umdrehen. Eine Rauchfahne stieg auf und entfernte sich in weitem Winkel vom Restberg. Die Flammen leckten an den Zeltkanten, und immer noch klebte Madec an der Felswand und hämmerte drauflos.

Und dann explodierte die Laterne, und ihre Splitter schossen quer durch den Sand.

Madecs Kopf fuhr herum.

Einen Augenblick blieb er noch mit starrem Blick dort oben hängen, dann kam er die Wand heruntergehastet und fing an, kaum auf dem Boden angelangt, loszurennen.

Er rannte ungefähr drei Meter weit, blieb plötzlich stehen, wirbelte herum, eilte zurück zur Felswand, packte das Gewehr und lief wieder los.

Jetzt kommt er zu mir, dachte Ben und legte eine Schrotkugel in die Lederschlaufe. Genau, wie ich es geplant habe.

14

Ben beobachtete scharf, wie sich Madec dem Felsbrocken näherte. Doch ohne den Blick von dem brennenden Zelt zu nehmen, lief der Kerl an Bens Sandgrab vorbei und stürmte weiter, das Gewehr in der rechten Hand.
Ben hörte, wie das Zelt mit einem Plumps einstürzte, hörte das Krachen, als die Spannschnüre durchsengten, aber sein Blick blieb fest auf Madec geheftet.
Der Kerl war mordswütend, hatte die Augen weit aufgerissen und knirschte mit den Zähnen.
Als das Zelt schließlich schlaff zusammenfiel, verlangsamte sich Madecs Tempo. Er ging wie erschöpft weiter, kam Schritt für Schritt näher und ließ das Gewehr in der Hand hängen.
Ben wußte: jetzt oder nie.
Er konnte seinen Daumenballen durch die verdreckten Bartstoppeln hindurch spüren, als er die Hand zurückzog.
Die Verstrebung der Schleuder war mit festem, unerschütterlichem Druck an der Innenseite seines linken Arms zu spüren.
Wie eingerahmt durch die stabile Gabel der Schleuder, erschien Madec auf seinem Vormarsch, ein wenig geduckt jetzt, als ob er etwas anpirschen wollte.
Ben versuchte blitzschnell loszulassen, jeder Muskel von Hand oder Fingern mußte sich gleichzeitig bewegen.
Seltsamerweise merkte er nicht, wann genau sich der Schuß löste, hörte nicht einmal das Zurückschnappen der Schläuche oder den Schlag, als die Lederschlaufe gegen den Kotflügel schnellte. Durch die Gabel sah er nichts, bis auf Madecs rechte Hand und wirklich deutlich auch nur die Linie von Knöcheln, wo die Finger in die Hand über gingen. Es war eine Reihe kleiner runder Höcker, die kleiner wurden und nicht ganz so rosig waren, wie der flache Handrücken oder die runden Finger.

Bei dem zweiten Knöchel schälte sich die Haut ab, er wurde sekundenlang schneeweiß und dann rot.

Das Gewehr sank Madec aus der Hand, prallte gegen seinen rechten Fuß und überschlug sich im Sand.

Während Ben neu lud, verlor er Madec einen Augenblick lang aus dem Blickfeld. Doch, als er wieder hinsah, vollführte der Kerl einen merkwürdigen, linkischen kleinen Tanz im Wüstensand. Er hielt die rechte Hand mit der linken umklammert und hopste erst auf dem einen, dann auf dem anderen Fuß auf und ab. Dabei drehte er sich langsam um die eigene Achse.

Plötzlich hörte der Tanz auf, und Madec stierte ihn mit vor Schmerz und Wut verzerrtem Gesicht an.

Der Tanz hatte ihn ungefähr anderthalb Meter weit von dem Gewehr entfernt. Jetzt stürzte er mit einem Satz darauf los, streckte den linken Arm danach aus, wobei sich die kurzärmlige Jacke eng um seine Oberarmmuskeln spannte.

Die grobe Schrotkugel verursachte nicht den kleinen scharfen Pfeifton, wie die Steine, sondern schoß lautlos dahin.

Mit einem Aufbrüllen riß Madec den Arm zurück und sank auf Hände und Knie hinunter.

Er kroch auf das Gewehr zu, während Ben neu lud.

Die Bleikugel traf ihn dort, wo die Kniescheibe in der Gelenkpfanne liegt. Sie fetzte durch den Stoff, streifte das Knie und riß die Haut auf. Der Kerl schob sich weiter vor, und Ben traf ihn noch einmal. Die Kugel jagte holpernd über die Knöchel seiner vorgestreckten Linken.

Als Madec die rechte Hand, deren Finger blutig rot waren, ausstreckte, den Gewehrschaft berührte, bohrte sich der Schrot in sein rechtes Handgelenk, wo er sich tief in die Sehnen eingrub.

Madec lag jetzt bäuchlings im Sand und zog die Hand langsam bis unter die Brust zurück, wie, um sie zu schützen.

Mit frisch geladener Schleuder stand Ben auf und, ohne den Blick nur eine Sekunde von Madec zu nehmen, tastete er mit den Fingern über die Heckklappe, bis er den Lederbeutel fand. Er kippte sich einige Schrotkugeln in den Mund und packte den Beutel wieder weg.

Immer noch hatte Madec das Gewehr in Reichweite. Jetzt hob er den Kopf aus dem Sand und stierte Ben an. Seine fahlen Augen waren kalt, genauso kalt, wie seine frischrasierte Gesichtshaut.
Ben spannte die Lederschlaufe ans Kinn zurück und zielte auf das obere Auge. „Keine Bewegung mehr!" quetschte er undeutlich zwischen den Schrotkugeln im Mund hervor.
Dann, indem er die ganze Zeit die Schleuder auf Madec gerichtet hielt, schlug er einen vorsichtigen Bogen um ihn, bis er das Gewehr erreichen konnte.
Mit dem Fuß schubste er es so weit von Madec weg, daß er es gefahrlos hochnehmen konnte. Während er mit der Büchse geradewegs auf Madec anlegte, hakte er den Lederriemen los, warf ihn sich über die Schulter und ging, das Gewehr in beiden Händen um Madec herum, bis er hinter ihm stand.
Er schlang den Riemen um Madecs Knöchel, zog ihn straff und verknotete ihn.
Als er zurücktrat, machte Madec Anstalten, sich auf den Rücken zu wälzen. Ben spuckte eine Schrotkugel in seine Hand und warnte: „Ich hab Ihnen doch verboten, sich zu rühren. Halten Sie sich dran."
Aus dem Jeep holte er einen der Leinengurte, mit denen er die Wasserkanister in ihrem Gestell festzuzurren pflegte und kehrte damit zu Madec zurück.
Während er ihm die Gewehrmündung in den Nacken bohrte, zog er die blutigen Hände unter ihm vor und band sie ihm auf dem Rücken fest.
Da er mit Riemen und Gurt noch nicht zufrieden war, marschierte er hinüber zum Restberg. Es war ganz einfach, das Seil herunterzuholen, das Madec in Schlaufen um die Zeltpflöcke gelegt hatte. Mit Seil und Werkzeugtasche beladen kam er wieder. Dann fesselte er Madecs Hand- und Fußgelenke mit dem Seil.
Daraufhin rollte er Madec auf den Rücken und durchsuchte die großen Taschen seines modischen Buschhemds, fand die Schlüssel zu Koffer und Seesack in der einen, den Verteilerrotor und das Hornetschloß in der anderen Tasche.

Zuerst setzte Ben den Verteilerrotor wieder ein, machte dann den Seesack auf und entleerte ihn in den Sand. Als erstes purzelte der fleckige Filzhut des alten Mannes heraus.
Die Füße wieder in die Stiefel zu zwängen, tat höllisch weh, aber, als er sie erst einmal anhatte, wurden die Schmerzen erträglich.
Nachdem er angezogen war, warf Ben die Schleuder vorne in den Jeep und ging zu Madec, der sich inzwischen im Sand aufgesetzt hatte. Er packte ihn in den Achselhöhlen, schleifte ihn so zum Jeep, stemmte ihn hoch und schnallte ihn mit dem Sitzgurt fest. Während dieser ganzen Prozedur hatte ihn Madec nur angestarrt. Sein Blick verriet weder Wut noch Entmutigung und auch keine Furcht — es war ein unbewegter, kalt und berechnender, prüfender Blick.
Ben hatte recht gehabt. Der Jeep sprang nicht gleich an, und er mußte ihn erst drei, viermal ankurbeln, bevor der Motor zündete und lief.
Er lenkte den Jeep nach Osten und steuerte zurück auf die kleine Bergkette zu.
Madec sprach zum ersten Mal. „Das ist nicht die richtige Route."
„Oh doch", widersprach Ben.
„Wo fährst du hin?"
„Den Alten abholen."
„Oh", meinte Madec. „Ach ja."
Ben fuhr den Jeep an dieselbe Stelle hoch, wo er zuvor geparkt hatte.
Er nahm den Verteilerrotor heraus, entfernte das Schloß aus der .358er und steckte beides, zusammen mit dem Hornetschloß in die Tasche.
Dann raffte er die alte Persenning hinten aus dem Jeep zusammen und stieg über das Schieferfeld hinweg zur Klippe hoch.
Der alte Mann war nicht da. Ben brauchte eine Weile, bis er den nackten Toten unter dem Felsüberhang fand, wo ihn Madec versteckt hatte. Niemand, nicht einmal Les Stanton hätte ihn hier aus der Luft ausmachen können. Und zu Fuß erst recht nicht, es sei denn, er hätte ausdrücklich nach der Leiche gefahndet.

Noch waren die Aasgeier nicht über ihn hergefallen, aber die Leichenstarre hatte eingesetzt, und er ließ sich nur mühsam einwickeln und noch mühevoller transportieren. Ein ekelhaft süßlicher Geruch ging von ihm aus, als Ben ihn runterschleppte, hinten in den Jeep lud und ihn dort festzurrte, da sich die Heckklappe nicht mehr schließen ließ.
Als Ben den Motor anließ, fragte Madec: „Willst du mir nicht helfen?"
„Wobei helfen?" fragte Ben, die Hand am Schaltknüppel.
„Du hast mir die Hand gebrochen. Mein Handgelenk. Das Bein hast du mir auch verletzt, und außerdem blute ich stark. Willst du nichts für mich tun?"
Ben beherrschte seinen Ärger, unterdrückte, als er dem Kerl die Hand auf den Rücken legte, den Wunsch, ihn brutal vorzustoßen und schob ihn nur so weit nach vorn, um seine Hände zu inspizieren. Die rechte Hand hatte es wirklich schlimm erwischt. Sie war mit Sand und Blut verschmiert und der nackte Knöchel stand eigentümlich weiß und sauber heraus.
Der linke Arm schien nur Prellungen zu haben, eine große, geschwollene, purpurrote Stelle, wo das Schrotkorn durch den Muskel gedrungen war. Er blutete nicht sehr.
Dann schubste Ben den Mann in den Sitz zurück, packte unten den Stoff neben dem kleinen Einschußloch und riß die Khakihose auf. Madecs Knie sah übel aus, blutig und zerfetzt.
Ben legte den Gang ein und fuhr langsam den Abhang hinunter.
„Ich kann nichts für Sie tun", sagte er. „Und da Sie nicht so stark bluten, kommt es nicht so drauf an."
Sobald er unten in der flachen Wüstenschale angelangt war, steuerte er nach Westen und arbeitete sich die Gänge hoch, bis er mit einer Durchschnittsgeschwindigkeit von sechzehn Stundenkilometer im dritten dahinfuhr.
Wenn er erst die fernen Berge erreichte, wußte er, daß er die Fahrt verlangsamen mußte. Dort konnte er nur noch im Vierradantrieb hochkriechen, sich durch einen langen, kurvenreichen Canyon abmühen.

Erst spät in der Nacht würden sie zu Haus ankommen.
Nach einer Weile meinte Madec: „Ich bin in keiner sehr rosigen Lage, um dir ein Geschäft vorzuschlagen, Ben. Aber laß uns drüber sprechen."
„Schießen Sie los."
„Hast du dir das alles gründlich überlegt?"
„Ja, so ziemlich."
„Ich meine, alles konsequent durchgedacht, alle Möglichkeiten berücksichtigt?"
„Machen Sie weiter", ermunterte ihn Ben.
„Für dich ist alles einfach, geradeaus, aufrichtig. Deshalb mag dir auch diese kleine Episode genau so vorkommen: unkompliziert, geradeaus, klar umrissen. Nichts Fragwürdiges."
Madec machte eine lange Pause. „Ich bin anders", sagte er schließlich. „Vermutlich könnte man mich einen Lügner nennen, Ben. Ja, ich glaube, einige Menschen würden mich so bezeichnen."
Ben sah, wie sich Madecs Gesicht ihm zuwandte und wußte, daß der Mann ihn fixierte. „Abgesehen davon bin ich kein Neuling im Lügen, Ben. Ich bin ein alter Hase. Und ich habe eine Menge Übung. Tatsächlich halten mich einige Menschen sogar für einen Experten im Lügen. Wenn wir jetzt über diese Episode diskutieren, Ben, möchte ich, daß du dir das vor Augen hältst."
„Das wird mir nicht schwerfallen."
„Und ich bin eine Kämpfernatur, Ben. Da kennst du dich nicht so aus, doch in dem Dschungel, in dem ich lebe, können sich nur die Geschickten und Schlauen behaupten. Da muß man raffiniert, schlau und eiskalt sein. Und ein Fachmann im Lügen. Es ist eine brutale, gemeine Welt...
Ben, bitte, ich habe wirklich große Schmerzen."
Ben drehte sich kurz um, sah ihn an und war erstaunt, daß er rein gar nichts für diesen Mann empfand. Keinen Haß, keine Rachsucht und keinen Triumph, keinen Sieg über ihn. Einfach — gar nichts. „Mir tut auch alles weh", sagte er. „Und daran können wir beide nichts ändern."
„Du könntest das Seil um meine Handgelenke lockern. Meine

Hand ist wirklich schlimm zugerichtet. Wozu brauchst du das Seil überhaupt? Ich bin wehrlos. Andernfalls kriege ich vielleicht noch Wundbrand."
„Vielleicht."
„Das ist gemein und häßlich", sagte Madec. „Wirklich gemein. Das hätte ich dir nicht zugetraut, Ben."
„So bin ich nun mal."
„Ich werde es mir merken." Madec schwieg daraufhin lange.
„Vermutlich willst du schnurstracks zum Sheriff gehen", meinte er schließlich.
„Richtig."
„Und ihm haarklein erzählen, was passiert ist?"
Ben nickte.
„Hast du dir mal überlegt, daß die ganze Situation seit neulich etwas komplizierter geworden ist, Ben?"
„Für mich nicht."
„Oh, doch, Ben. Denn siehst du, neulich hatte ich keine gebrochene Hand, kein gebrochenes Bein. Ich war nicht brutal zusammengeschlagen worden. Nicht durch einen sauberen Schuß verletzt, überleg mal, wie du ihn aus Notwehr auf mich hättest abfeuern können, nein, vorsätzlich und bösartig zusammengeschossen. Bewußt gequält. Genaus so, wie du den alten Mann zusammengeschossen hast, Ben. Nur, daß er ermordet wurde. Siehst du nicht, Ben, *wie* sich die Dinge geändert haben."
„Das haben sie allerdings."
„Deshalb meine ich, sollten wir uns ein bißchen unterhalten, Ben. Ich weiß nicht, ob ich dir eigentlich schon erzählt habe, daß ich reich bin. Und ich bin nicht dumm. Mir ist klar, daß du mich vielleicht in einige Verlegenheit bringen kannst, wenn du mich zum Sheriff schleppst und deine Geschichte vorbringst. Ich sagte, *vielleicht* in Verlegenheit bringst. Andererseits glaube ich, daß ich dir ernsthafte Schwierigkeiten machen kann, wenn du dich weiterhin so störrisch anstellen willst. Ja, ich weiß sogar, daß ich das kann, also sitz da nicht rum, wie ein kleiner Herrgott und bilde dir nicht ein, daß du den Fall schon in der Tasche hast, mein

Junge. Es wäre entschieden vorteilhafter für dich, wenn du hier sofort anhieltest, und wir uns einigten." "Wollen Sie etwa, daß ich Schuhe und Kleider ausziehe und wieder ohne Wasser losziehe?" Madec lachte. "Das ist nie geschehen, Ben", meinte er freundlich. "Das Ganze hast du nur geträumt. Ein Traum, den dir niemand abkaufen wird. Möchtest du erfahren, wie es sich tatsächlich abgespielt hat, Ben?"

"Nicht Ihre Version", erklärte ihm Ben. "Bitte seien Sie jetzt ruhig, ja? Ich habe zu tun."

Lange Zeit starrte Madec nur in die Wüste hinaus. Endlich sagte er: "Hör mir zu, Ben. Ich gebe dir zehntausend Dollar, wenn du auf der Stelle anhältst, den Alten vergräbst und kein Wort mehr darüber verlierst. Ich bin bereit, zehntausend Dollar zu verwetten, daß du zu deinem Wort stehst. Ich schreibe dir noch in dieser Minute einen Scheck über diesen Betrag aus. Ich gehe mit dir auf die Bank und sorge dafür, daß du das Geld erhältst — in bar."

"Worauf wollen Sie schreiben?" fragte Ben.

Madecs Kopf fuhr herum, und er blickte sich hinten im Jeep um. "Wo ist mein Koffer?" fragte er mit wutbebender Stimme.

"Weg."

"Weg, *wohin?*"

"Im Zelt, wo Sie ihn gelassen haben."

Madec sank auf dem Sitz zusammen. "Oh, du idiotischer Bauernlümmel", sagte er. Dann nahm er sich zusammen. "Verzeih mir, Ben. Ich habe wirklich große Schmerzen und meine das nicht so."

"Das glaube ich."

"Dann glaub mir auch, daß ich mit dir auf jede Bank im Land gehen kann und zehntausend Dollar in bar bekommen — innerhalb von zehn Minuten."

"Oh, halten Sie den Mund", sagte Ben. "Bleiben Sie nur ruhig sitzen und zählen Sie weiter Ihr Geld."

15

In den letzten sieben Stunden hatte sich Ben ausgemalt, wie glücklich er doch sein würde, wenn er erst seinen Jeep vor dem Büro des Sheriffs anhielt. Dann erst wäre dieser Alptraum zu Ende, erst dann wäre er wieder unter anständigen Menschen.
Das Büro des Sheriffs war in einem kleinen Holzhaus untergebracht, das von ein paar Grünholzbäumen umgeben war. Als Ben von der Straße abbog, entdeckte er die drei Dienstwagen in dem Bau, der zugleich als Garage und Gefängnis diente und hinter dem eigentlichen Büro lag.
Aber glücklich fühlte er sich überhaupt nicht, als er bremste und zum Stehen kam. Statt dessen schien ihn mit dem Ende der Fahrt bleischwere Müdigkeit zu befallen. Nur mit Mühe konnte er die Hand ausstrecken, um die Zündung abzustellen. Beim Aussteigen schwankte er leicht und mußte sich haltsuchend an den Jeep klammern. Alles tat ihm weh, ihm war schlecht, und kalter Speichel spülte zwischen seinen Zähnen.
„Du bist völlig verrückt!" würgte Madec mit unterdrückter Wut hervor. „Ich muß ins Krankenhaus, zu einem Arzt! Steig wieder ein!"
Ben ignorierte ihn und marschierte steifbeinig über den dunklen Parkplatz.
Das Aggregat der Klimaanlage auf dem Bürodach lief mit harten Stößen, und er wunderte sich darüber, daß man es nicht reparieren ließ — es schien das ganze kleine Gebäude richtig durchzuschütteln. Das Büro des Sheriffs bestand aus einem einzigen großen Raum mit Wandschränken und Waschgelegenheiten an der rechten Seite, einer langen Holzbank dicht an der Tür, mit drei Schreibtischen und einem, in die Wand eingebauten fachgerechten Sprechfunkgerät. Ben kam die Luft kalt und trocken vor, voller muffigem Zigarettenrauch.
Er hatte erwartet, Sergeant Hamilton anzutreffen, den dienst-

habenden Sheriff. Doch der einzige Mann im Raum war ein junger Hilfssheriff namens Strick, der hinter einem der Schreibtische irgendwelche Formulare ausfüllte.

Strick — dessen richtiger Name Eugene Strick war, obwohl er von allen immer Strick genannt wurde — war Bens Klassenkamerad auf der Highschool gewesen.

Ein gutaussehender, robuster Naturbusche, der, solange Ben zurückdenken konnte, immer schon Sheriff hatte werden wollen. Er hatte sich, schon allein dadurch, von den anderen Klassenkameraden abgesondert, und niemand, einschließlich Ben, hatte Strick wirklich gut gekannt.

An der Wand hinter Strick hing eine große elektrische Uhr. Sie waren zügig gefahren; es war gerade erst kurz nach neun.

Als Ben die Tür zumachte, sah Strick auf — dann wurde sein Blick starr. „Heiliger Strohsack, Ben! Was ist passiert?"

Ben hatte mit Hamilton gerechnet. Ham war ein alter Freund, ein guter Jagd- und Angelkumpel und ein Mann mit mehr Wärme und Verständnis, als Strick.

„Was ist dir denn in die Quere gekommen, Ben?" erkundigte sich Strick, stand auf und betrachtete ihn prüfend.

„Ein paar Berge", sagte Ben. „Ist Ham da?"

„Nein, er ist heimgegangen. Hör mal, Ben, du mußt zum Arzt. Alle Unfallberichte kannst du dann später noch ausfüllen. Dich hat's schlimm erwischt."

„Ich habe einen Toten draußen im Jeep", erklärte Ben ihm. „Und auch den Mann, der ihn getötet hat." „*Was* hast du?"

„Schereneien. Aber er braucht einen Arzt dringender als ich. Wie wär's, wenn du mal im Diagnostik-und-Ambulanz-Zentrum anrufst, ob jemand drüben ist?"

Während Strick sich seinen Gürtel vom Schreibtisch holte, sagte er: „Der Arzt ist drüben. Ich hab' ihm gerade einen Frontalzusammenstoß geschickt." Er schnallte sich den Gürtel um. „Du hast 'ne Leiche, sagst du. Wer ist es?"

„Keine Ahnung. Ein alter Mann, der draußen in der Wüste rumstreifte. Es war ein Unfall."

Strick rückte sich den Gürtel zurecht und tastete nach dem Pistolengriff. „Laß mich kurz einen Blick auf ihn werfen, Ben, bevor wir weitersprechen. Bei unseren ganzen Vorschriften, kann man bei solchen Fällen nicht vorsichtig genug sein."
Strick stülpte sich den breitkrempigen Hut auf, und Ben folgte ihm zur Tür hinaus.
Draußen gingen sie im Dunkeln zusammen rüber zum Jeep.
„Wer ist denn das?" fragte Strick, zog eine Taschenlampe aus dem Lederfutteral an seinem Gürtel und richtete sie auf Madec. Dann wich er zurück.
„Oh", machte er. „Sie sind's, Mr. Madec. Wie geht's?"
„Ich bin angeschossen worden und brauche einen Arzt", sagte Madec.
„Ja, Sir. Wollen Sie aussteigen und reinkommen, Sir?"
„Wie könnte ich?" entgegnete Madec frostig. „Ich bin an Händen und Füßen mit einem Seil gefesselt."
„Waaas?" entfuhr es Strick. Dann wandte er sich zu Ben um. „Was wird hier gespielt, Ben?"
„Das ist eine lange Geschichte, und zuerst braucht er mal 'nen Arzt."
Strick hob die Stablampe und fuhr mit dem Strahl in Bens Gesicht. „Wo ist der tote Mann?"
Ben ging nach hinten an den Wagen und schlug die Persenning auseinander. Strick richtete den Lichtstrahl auf das Gesicht des Alten. „Pfui", sagte er. „Hast du keinen Schimmer, wer er ist?"
„Nein. Einfach ein alter Mann. Ein Goldschürfer."
„Du kommst besser wieder mit rein", meinte Strick.
„Hör zu, Strick, ich bin verletzt und Madec ebenfalls. Ich lasse den Alten hier, und wir fahren runter ins Ambulanz-Zentrum."
Strick zögerte, ging dann zurück zu Madec. „Wo sind Sie verletzt, Mr. Madec?"
„Ben hat mich fast umgebracht", stöhnte Madec mit schwacher Stimme. „Er hat mir die Hand gebrochen und mein Bein und mich völlig zusammengeschlagen."
„Wieso hast du ihn gefesselt?" wollte Strick wissen. Seine Stimme klang unangenehm.

„Weil er gefährlich ist."
„Machst du Witze?" fragte Strick. „Bind ihn los. Dann bringen wir ihn in die Klinik runter. Ich besorge einen Wagen."
Während Strick auf die Garage zusteuerte, beugte sich Ben hinein, schob Madec nach vorn, damit er das Seil zu fassen bekam.
„Das ist deine letzte Chance, Ben", flüsterte Madec hastig und unterdrückt. „Zehntausend Dollar. Steck sie ein, und du bist alle Sorgen los. Wenn du sie nicht nimmst, sorge ich dafür, daß du die nächsten zehn Jahre im Kittchen verbringst. Ich bringe das fertig, Ben. Glaub mir, ich tu's wirklich."
„Ich glaube Ihnen", sagte Ben und befreite seine Fußgelenke.
„Du willst das Geld nicht?"
„Nein."
„Na schön", sagte Madec, als sich der Kombi auf sie zubewegte. „Wenn du mich in der Wüste schon knallhart erlebt hast, so war das noch gar nichts..."
Strick kam rüber und half Madec behutsam auf den hinteren Sitz des Kombiwagens. „Legen Sie sich nur lang, Sir. Es ist nur ein paar Straßen weit."
„Danke, Officer", sagte Madec.
Strick stieg ein und sagte: „Fahr du den Jeep rüber, Ben. Zum Hintereingang, wo sie die Leiche rausholen können."
Ben folgte dem weißen Kombiwagen bis runter zu dem neuerbauten Diagnostik-und-Ambulanz-Zentrum, der einzigen, einer Klinik vergleichbaren Einrichtung der Stadt.
Während der Kombi vor der hell erleuchteten Notfallstation anhielt, fuhr Ben hinten herum, parkte und ging an die Tür. Da sie verschlossen war, klingelte er und lehnte sich gegen die Mauer, bis die Tür geöffnet wurde. Ein ungefähr neunzehnjähriger Junge, namens Souchek, steckte die Nase raus.
„Du hast die falsche Tür erwischt, Ben."
„Ich hab 'nen Toten im Jeep."
„Immer noch verkehrte Adresse", erklärte Souchek. „Wir nehmen sie nicht auf, sondern schaffen sie nur raus."

Gerade wollte er die Tür zuwerfen, aber Ben stemmte sich dagegen.
„Strick hat mir gesagt, ihn hier abzuliefern."
„Für wen hält sich dieser Strick eigentlich? Jawohl, Sir, Mr. Strick, alles, wie Sie wünschen. Okay, ich hole was. Wie hat's ihn erwischt?"
„Erschossen."
Souchek kehrte mit einem großen Wäschekorb aus Segeltuch zurück, der ein Fahrgestell hatte. Sie ließen den immer noch in die Persenning gewickelten alten Mann in den Korb herunter. Dann schoben sie ihn in das Gebäude.
Bei Licht sah Ben, daß die Persenning zurückgerutscht war, und das Gesicht des Alten, grau und zusammengeschrumpft mit weitgeöffnetem Mund und Augen unbedeckt dalag.
Souchek warf ein schmutziges Laken über den Korb und fragte:
„Was hat man denn mit dir gemacht?"
„Ich bin ausgerutscht. Ist Doc Myers da?"
„Nein. Er ist in Phoenix."
„Ist niemand da?"
„Doch. Das ‚junge Genie'."
Das beunruhigte Ben. Auf der ganzen Fahrt quer durch die Wüste hatte er sich vorgestellt, daß Doc Myers hier alles in seiner typischen Art in die Hand nehmen würde. Doc Myers war mit allem vertraut: Leben, Tod, Krankheit, Unfälle. Ihn konnte nichts erschüttern.
Alle in der Stadt nannten den neuen Arzt im Zentrum das ‚junge Genie'. Ben hatte gehört, daß er als jüngster das Staatsexamen an der medizinischen Fakultät der Universität von Kalifornien abgelegt hatte, und die besten Noten in der Geschichte der Universität erzielt hatte, oder so was Ähnliches. Und jeder in der Stadt rätselte, warum ein solches Genie sich entschlossen hatte, in dieser kleinen öden und aussterbenden Stadt am Wüstenrand zu arbeiten. Ein Arzt wie er — ein junges Genie... Etwas mußte mit ihm faul sein, entschieden die Einwohner. Und es gab eine Menge Klatsch, eine Menge Vermutungen und viele Gerüchte.
Er hieß Saunders und war ein magerer, dunkler, stark gefühls-

betonter Mann, der kein Wort für einen übrig hatte, wenn man nicht krank oder verletzt war.

Ben war ihm erst einmal begegnet. Damals hatte sich sein Onkel in einer Triebwelle einen Finger gebrochen. Ben hatte sich über den Arzt kein rechtes Urteil bilden können, weder so noch anders. Ein wenig kühl, vielleicht, ein bißchen arrogant, aber er schien was von seiner Arbeit zu verstehen.

Er folgte Souchek über den Korridor in den Ambulanzraum und trat ein. Dr. Saunders in blutbeflecktem grünen Kittel und eine Schwester hatten Madec vor sich auf dem Tisch.

Unter den grellen Lichtern wirkten Madecs Verletzungen ziemlich böse. Vom Knie abwärts überzog sein Bein ein Gemisch aus Blut und Schmutz, und sowohl Hände als auch Arme waren blutverkrustet. Ben wollte auf den Arzt zugehen. Aber Strick bemerkte ihn, und er schob ihn mit der Hand gegen die Brust zur Tür zurück. „Du bleibst draußen", befahl Strick ihm. „Und du auch, Souchek."

Draußen vor der Tür stieß Ben den Wäschekorb aus dem Weg und setzte sich auf die Bank. Als er die Beine ausstreckte, scharrten seine Absätze über den Fußboden. Souchek karrte den Korb in eine Wäschekammer und kam mit einem großen Poliergerät wieder. Während er die Schnur entwirrte, fragte er: „Warum hast du auf ihn geschossen, Ben?"

„Hab ich gar nicht."

„Wer denn sonst?"

Ben deutete mit dem Daumen zum Ambulanz-Raum. „Der dort."

Souchek starrte ihn an. „Sich selbst angeschossen?"

„Ach, ihn meinst du. Nein, ich habe auf ihn geschossen."

„Warum?"

„Um zu verhindern, daß er mich abknallte."

„Au backe! Was habt ihr Burschen denn gemacht? Eine Goldmine gefunden und euch darüber in die Haare gekriegt?"

„So was Ähnliches", sagte Ben. Ihm fielen die Augen zu. Noch nie im Leben hatte er sich so müde gefühlt, so ausgepumpt.

„Macht's dir was aus, die Füße zu heben, damit ich hier bohnern kann?" fragte Souchek.

Ohne die Augen aufzumachen, zog Ben die Füße ein, hob sie träge hoch und legte sie auf die Bank. Die Bohnermaschine machte einen scheußlichen, kreischenden Lärm.
Er mußte eingeschlafen sein, denn nur Sekunden später schien Dr. Saunders schon die Tür zu öffnen und Madec in einem Rollbett den Korridor entlangzufahren.
Dann kam Strick raus und winkte ihm. „Du bist an der Reihe", sagte er und folgte dann Saunders und Madec in einen Raum auf der anderen Korridorseite.
Die Krankenschwester, Emma Williams, kannte Ben schon seit eh und je, und als er reinkam, grüßte er: „ 'n Abend, Emma."
Sie breitete ein sauberes Laken über den hohen schmalen Tisch und schwieg, bis sie fertig war. Dann drehte sie sich um und musterte ihn. „Das zeigt nur mal wieder, daß man nie wissen kann..." murmelte sie und hantierte weiter geschäftig herum.
Sie muß genau so müde sein wie ich, dachte Ben, als er sich auf einen kleinen Hocker setzte.
„Da kannst du nicht sitzen", verwies ihn Emma streng.
Ben dachte, er würde sich nicht mehr vom Hocker aufraffen können.
Der Doktor kam rein und streifte ihn mit einem flüchtigen Blick. „Zieh dich aus. Alles bis auf die Unterhose." Er ging zu einem Schrank mit Glastüren und holte einige Utensilien heraus.
„Ich habe keine Unterhosen an", sagte Ben.
Der Doktor sah ihn kühl und leicht verächtlich an, sagte aber nichts. Emma reichte ihm ein Handtuch so, als ob sie eine lebendige Schlange von sich weghielt.
Es tat weh, Schuhe und Strümpfe auszuziehen, und seine nackten Füße begannen, auf den Boden zu bluten, als er aus den Hosen stieg, sich das Handtuch umschlang und das Hemd abstreifen wollte.
Der Stoff schien mit seiner Haut wie verwachsen, und, als er daran zupfte, war es, als ob er seine eigene Haut abriß. Ihm wurde ganz schwindelig. Er konnte nicht weitermachen und mußte sich an der Tischkante festhalten, um nicht umzukippen.

Der Arzt kam und zog ihm das Hemd mit einem raschen, stechenden Ruck ab. „Hmm", meinte er dann. „Gut, leg dich auf den Tisch. Mit dem Gesicht nach unten."
Das kühle saubere Laken auf dem harten Tisch fühlte sich wunderbar an. Wenn ihn die Finger des Doktors hier und da berührten, schmerzte es zwar, aber sie waren so kühl, zart und kräftig. Ben hörte, wie er knapp erklärte: „In Ordnung, Schwester, ehe wir anfangen, möchte ich, daß Sie das hier aufnehmen."
„Fassen Sie's lieber so ab, daß diese Burschen aus dem Sheriffsbüro es verstehen. Sonst können Sie alles noch mal von vorne durchkauen", bemerkte Emma unfreundlich.
„Das weiß ich", sagte der Arzt, und Ben konnte die Kälte heraushören. „Allgemeine Schürfwunden an Rücken, Schultern, Hinterteil und Beinen. Geringere Fleischwunden an denselben Stellen. Ebenfalls an Knien, Händen, Armen, auf beiden Füßen..."
„Nicht so schnell!" protestierte Emma. „Armen, und was?"
„Oben auf beiden Füßen", wiederholte der Arzt und sprach langsamer. „Beide Füße weisen Schnittwunden auf, sind verschrammt und zerschunden, haben Prellungen, sind jedoch nicht infiziert. An der linken Wange, direkt unter dem Auge ein fünf Zentimeter langer gerader Schnitt. Sonnenbrand auf der ganzen Haut, aber nur geringfügige Blasenbildung. „Dann schnippte er Ben mit den Fingern leicht an die Schulter und sagte: „Umdrehen."
Als er auf dem Rücken lag, verfolgte Ben den Arzt mit den Blicken, wie er ihn weiter untersuchte und Emma den Befund diktierte.
Der Arzt gab sich so kühl, so unnahbar, daß Ben ganz unbehaglich zumute wurde. Es war, als ob ihn der Arzt gar nicht als menschliches Wesen betrachtete.
Dann, plötzlich zeigte er Interesse, als er Bens Arm hochnahm und die Stelle musterte, wo ihn Madec angeschossen hatte. „Nanu, was ist denn das?" fragte er und drehte den Arm um. Er preßte die Finger dagegen. „Tut das weh?"
„Ja", sagte Ben. „Aber nicht sehr."
Der Arzt beugte Bens Arm, bewegte und drehte ihn herum, wäh-

rend er Knochen und Sehnen abtastete. Endlich legte er ihn auf den Tisch zurück. „Glück gehabt." Dann fügte er hinzu: „Schwester, Schußwunde, linker Arm, siebeneinhalb Zentimeter unter dem Ellbogen, sauberer Ein- und Ausschuß, geringe Verletzungen, keine Knochen beschädigt."
Als der Arzt die purpur-angeschwollenen Löcher auswusch und dann Pflaster darüberklebte, beendete Emma ihren schriftlichen Bericht. „Sie müssen noch anordnen, was mit ihm geschehen soll", meinte sie. „Das muß auch in den Bericht."
„Bis auf die erwähnten Verletzungen ist der Patient in offensichtlich gutem Gesundheitszustand und kann dem Sheriff übergeben werden", erklärte der Arzt.
Ben sah zu ihm auf, verstand nicht, wieso er bei allem so unfreundlich sein mußte.
Ohne Mitgefühl sagte der Arzt: „So, das wird jetzt wehtun."
Es tat höllisch weh. Als Ben mit zusah, wie die Schnittwunden in den Füßen genäht wurden, fragte er sich, ob der Arzt eigentlich dabei so grob sein mußte. Er jagte die gebogene Nadel durch Bens Fleisch, wie wenn er Segeltuch zusammenstopfte.
Als er die Verbände fertig angelegt hatte, sagte er beim Hinausgehen zu Emma: „Ich bin im Labor, wenn jemand nach mir fragt. Kümmern Sie sich bitte um Mr. Madec."
Als Emma auf die Tür zuging, fragte Ben: „Ist das alles?"
„Alles, von was?" erwiderte sie und war fort. Ben balancierte halb-angezogen auf seinen verbundenen Füßen, als Strick reinkam. Äußerst verdrießlich über irgend etwas lehnte er sich gegen die Wand und wartete, bis Ben fertig war.
Ben konnte die Stiefel nicht über den Verband ziehen, deshalb nahm er sie in die Hand. Er fühlte sich elend und schwach und sehr müde.
„Weißt du, was ich jetzt machen werde, Strick?" fragte er. „Ich geh' nach Hause, leg mich ins Bett und schlafe eine Woche lang. Eine ganze Woche."
„Laß uns erst noch mal ins Büro gehen. Ich brauche eine Aussage von dir über das Ganze hier."

„Morgen", meinte Ben. „Ich bin wirklich restlos fertig, Strick."
„Lieber heute abend. Solange alles noch frisch in deinem Gedächtnis ist."
Ben grinste, und dabei fühlten sich seine Lippen an, als ob sie seit Jahren nicht mehr gelächelt hätten. Sie waren ganz steif und schmerzten. „Das bleibt mir noch die nächsten fünfzig Jahre frisch im Gedächtnis."
Aber Strick winkte ihm, mitzukommen und bugsierte ihn durch den Korridor zur Vordertür. „Was ist mit meinem Jeep?" erkundigte sich Ben.
„Der ist vom Gericht als Beweisstück beschlagnahmt worden."
Im Kombiwagen fragte Ben: „Was ist mit Madec?"
„Was kümmert dich das?" entgegnete Strick mißmutig.
„Warum bist du so sauer, Strick?" fragte Ben.
Strick sah ihn scheel an, als er vor dem Büro des Sheriffs anhielt. „Ich versuche es mir nicht so nahegehen zu lassen, aber manchmal, macht es mich richtig wütend, was Menschen sich alles gegenseitig antun können."
Im Büro setzte sich Strick hinter seinen Schreibtisch und bedeutete Ben, auf dem Stuhl davor Platz zu nehmen. Dann nahm er eine Papptafel hoch und leierte schnell und monoton etwas herunter. Irgend etwas über Bens Rechte, daß er Anspruch auf einen Anwalt hätte, daß er kein Geständnis gegen seinen Willen ablegen müßte.
Strick legte die Papptafel hin und fragte: „Hast du verstanden, was ich dir gerade vorgelesen habe?"
„Deshalb bin ich ja hier", erklärte Ben. „Es gab einen Unfall, den ich melden will. Dazu brauche ich keine lange Leier über meine Rechte, und ich brauche auch keinen Rechtsanwalt."
„Moment! Moment!" warnte Strick. „Wenn du mit mir sprechen willst, mußt du diese Verzichtserklärung unterschrieben. Unterschreib gerade hier unten." Er schob ihm ein leeres Formular über den Schreibtisch.
„Wozu?"
„Das besagt nur, daß du gehört und verstanden hast, was ich dir

über deine Rechte vorgelesen habe und daß du auf diese Rechte verzichten willst."

Ben unterschrieb, und Strick nahm den Zettel und legte ihn in die Schublade. Dann lehnte er sich in seinem Stuhl zurück, die Arme im Nacken verschränkt und fragte ruhig: „Warum hast du so oft auf ihn gefeuert, Ben?"

Wieder sah Ben, wie Madec auf ihn zukam und das schwerkalibrige Gewehr in der Hand schwang.

Dann sah er Madec im Sand — und immer noch die Hand nach dem Gewehr ausgestreckt... „Um ihn daran zu hindern, mich abzuknallen", sagte er.

„Wieso kann das dann ein Unfall sein?"

Einen Augenblick lang war Ben verwirrt. „Sekunde, Strick, von wem sprichst du?"

„Von dem alten Mann."

„Und ich meinte Madec."

Ohne seine Stimme oder seine Haltung zu ändern, sagte Strick: „Ben, ich will lediglich untersuchen, was geschehen ist. Um was ging der Streit zwischen dir und dem Alten?"

Bens eine Gesichtshälfte war ganz benommen von dem Novocain. Ihm war, als ob der Speichel aus seinem linken Mundwinkel rann — er ihn nicht zurückhalten konnte. Plötzlich fiel es ihm schwer, noch weiter darüber nachzudenken, es schien so lange her. „Streit?" wiederholte er.

„Ich kannte den Alten gar nicht."

„Schön, kehren wir zu Mr. Madec zurück. Wie oft mußtest du auf ihn schießen, Ben?"

Ben versuchte sich zu erinnern. „Keine Ahnung, Strick. Einmal, damit er das Gewehr fallen ließ, dann ungefähr noch zweimal, weil er immer wieder versuchte danach zu schnappen. Dreimal, viermal?"

„Fest steht also, daß du mehr als einmal auf ihn geschossen hast. „Stimmt's?"

„Ja. Hör mal, Strick. Ich bin wirklich völlig ausgepumpt. Hat das nicht bis morgen Zeit? Dann können wir das genau durchgehen."

„Wesentlich einfacher, wenn wir's jetzt gleich hinter uns bringen."
„Ich kann nicht mal mehr klar denken", wandte Ben ein. „Morgen, ja?" Er stemmte sich aus dem Stuhl hoch. „Ruf mich an, wenn's dir paßt, dann sprechen wir das alles durch."
Als sich Ben zur Tür wenden wollte, fragte Strick leise: „Wohin willst du, Ben?"
„Nach Hause."
„Ich kann dich nicht gehen lassen, Junge." Ben wandte den Kopf, sah ihn an.
Strick schrieb gerade etwas auf und sagte, ohne zu ihm hochzusehen. „Ich muß gegen dich Anklage wegen schwerer Körperverletzung erheben, Ben."
„Okay", meinte Ben und ging weiter auf die Tür zu, überlegte, wie wohl die Bandagen auf das Gehen reagieren würden. Dann blieb er wie angewurzelt stehen, sah Strick an. „Mit waaas? Was soll das heißen?"
„Das heißt, daß du nicht nach Hause gehst", erklärte Strick, und seine Stimme klang ganz anders, eiskalt. „Es bedeutet, daß du ins Gefängnis kommst."

16

Das ganze Gefängnis bestand aus einer einzigen Zelle mit Betonwänden, einer Stahltür mit Gitterluke, zwei Pritschen, einem Waschbecken und Toilette.
Ben war so müde, daß er nur noch auf die leere Pritsche zuwanken, sich darauf setzen und laut loslachen konnte. Er hatte nur den einen Gedanken: Strick, sein alter Klassenkamerad, hatte ihn ins Kittchen gesperrt. Irgendwie war das schon komisch.
Was hatte Strick ihm da vorgeworfen? Schwere Körperverletzung. In verbrecherischer Absicht. Und unter erschwerenden Umständen.
Erschwerende Umstände, das stimmt, dachte er.
Eigentlich sollte er über die ganze schreiende Ungerechtigkeit empört sein, sollte wütend sein und etwas unternehmen. Doch, als er sich dem Schlaf überließ, hatte er das gleiche Gefühl von Unwirklichkeit, wie in der Wüste; daß es nicht so war, gar nicht wirklich geschah.
Morgen wird sich alles klären, dachte er.
Morgen.
Als er aufwachte, war es taghell. Die Zellentür stand offen, und ein Hilfssheriff, den Ben nicht kannte, wartete draußen im Korridor.
Don Smith, ein Junge aus Bens Pfadfindergruppe, brachte ein Tablett mit Essen rein, und, als er Ben sah, hätte er es fast fallen lassen. Ohne ein Wort starrte er Ben an, stellte das Tablett auf die Pritsche und verzog sich rückwärts aus der Zelle.
„Hat jemand meinem Onkel Bescheid gesagt?" fragte Ben den Hilfssheriff.
„Ich werd' mal im Kontrollbuch nachsehen", antwortete der Hilfssheriff und schloß die Tür.

Das Essen war gut. Als er fertig war, trat er an die Tür, wollte hinausschauen. Aber über den schmalen Korridor hinweg gab es nichs weiter zu sehen, als die gegenüberliegende Wand.
Erst viel später hörte Ben jemanden den Korridor entlangkommen.
Mit sorgenvoller, bekümmerter Miene guckte sein Onkel durch das Gitter. „Ben, was hast du nur angestellt?" jammerte er.
„Nichts", versicherte Ben ihm. „Versuch bitte Ham herzuschaffen. Nicht Strick. Ham."
„Er ist schon hier. In 'ner Minute wird er sich um dich kümmern. Aber paß auf, Ben, sag bloß keinen Ton, hörst du? Ich besorge dir einen Anwalt; als ich davon erfahren habe, rief ich sofort Joe McCloskey an, aber er kann nicht vor morgen hier sein. Deshalb halt bloß den Mund, bis er herkommt."
„Ich hab' nichts zu verheimlichen", erklärte Ben.
„Sag bitte erst mal gar nichts. Wie schlimm bist du verletzt, Ben?"
„Mir geht's gut. Ich möchte hier nur raus, Onkel. Geh und sag Ham, daß ich hier raus will."
„Na gut. Aber denk dran, Ben, halt bloß einstweilen den Mund."
Ben beobachtete, wie das Gesicht seines Onkels verschwand. Er meint es gut, dachte Ben. Ein guter, ehrlicher, melancholischer Mann, der anscheinend immer noch hoffte, daß seine Frau, die die Wüste gehaßt und ihn vor zwanzig Jahren verlassen hatte, eines Tages zurückkehren würde; jeden Moment jetzt kommen mußte.
Ben wurde immer ärgerlicher, denn die Zeit verstrich, und niemand sonst kam an die Zellentür. Gegen zehn erschienen der Pfadfinder und der Hilfssheriff noch mal, um das Tablett herauszuholen. Kaum wurde die Tür geöffnet, platzte Ben heraus: „Hören Sie, Hilfssheriff, weiß Ham, daß ich hier sitze?"
Der Hilfssheriff musterte ihn wortlos und sagte nur: „Nimm das Tablett, Don."
„Ich hab' Sie was gefragt! Weiß Ham, daß ich hier bin?"
„Ja", brummte der Hilfssheriff, ließ Don raus und sperrte die Tür zu.

Erst eine Stunde später kam Sergeant Hamilton und schloß die Zellentür auf. „Tut mir leid, Ben, daß du in dieser bösen Klemme steckst. Komm rüber ins Büro."
„Dazu wär es bestimmt nicht gekommen, wenn Sie gestern abend hier gewesen wären, Ham", erwiderte Ben. „Das Ganze ist nur ein blöder Irrtum."
„Tja", meinte Ham und schloß die Zellentür. „Wie fühlst du dich, Ben?"
„Gut."
„Kannst du gehen?"
„Klar. Hören Sie, Ham, was hat Madec erzählt? Was für eine Geschichte bringt er vor?"
„Darauf kommen wir noch", sagte Ham, während sie langsam über das heiße Pflaster gingen.
„Was er auch sagt, Ham, es ist eine Lüge."
Das Büro war voll von Menschen. Sein Onkel, Les Stanton — der Jagdaufseher, Mr. Hondurak — der Friedensrichter, Strick, Denny O'Neil — der Hubschrauberpilot, und zwei elegant gekleidete Männer, die Ben noch nie zuvor gesehen hatte.
Er hielt nach Madec Ausschau, aber er war nicht da.
„Setz dich, Ben", forderte Ham ihn auf.
Einen Augenblick lang herrschte Schweigen im Raum, und alles starrte ihn an. Dann sagte Mr. Hondurak, der Friedensrichter: „All right, Ben. Zuerst mal, das sind Mr. Madecs Rechtsanwälte, Mister..."
Der ältere der beiden gutgekleideten Städter deutete mit dem Daumen auf den jüngeren. „Das ist Alberts, und ich bin Mr. Barowitz."
Ben nickte ihnen zu, aber keiner von beiden würdigte ihn auch nur eines Blickes. Er betrachtete sie einen Augenblick lang, und ihm fiel auf, wie blaß und aufgedunsen sie zwischen all den abgehärteten, von der Wüste gegerbten Männern wirkten.
„Also, Ben", begann Hondurak. „Officer Strick sagt mir, du bist über deine Rechte informiert worden. Das hier ist die Verzichtserklärung, die du unterschrieben hast."

Ben nickte.

„Wenn's dir nichts ausmacht, möchte ich gern deine Darstellung des Falls hören", sagte Hondurak.

Als Ben gerade anfangen wollte, entdeckte er erst Sonja O'Neil. Sie saß an Stricks Schreibtisch, die Finger anschlagsbereit über einer Stenographiermaschine.

Sonja und diese Maschine machten ihn nervös. Trotzdem erzählte er seine Geschichte ruhig, versuchte sich dabei an jede Einzelheit zu erinnern und alles in der richtigen Reihenfolge zu berichten. Keiner sprach ein Wort, alles starrte ihn nur an; und unterdessen machte Sonja unablässig sanfte Klicklaute auf ihrer Maschine, aus der sich das Papier beim Herausschieben ordentlich übereinanderfaltete.

Als er an die Stelle kam, wie sie den alten Mann auf dem Bergkamm fanden, ließ sich der Sheriff zum ersten Mal vernehmen.

„War er tot?"

„Ja, Sir."

„Erschossen?"

„Ja, Sir."

„Wieviel Schüsse waren auf ihn abgegeben?"

„Ein Schuß."

„Bist du da ganz sicher?"

„Ja, Sir."

„Wohin?"

„In die Brust."

Ben fuhr mit seinem Bericht fort, legte dar, was sich danach ereignet hatte, ließ aber seine Gefühle und seine Gedanken unerwähnt — seine Furcht vor Madec, seine Wut.

Der Sheriff stellte als einziger Fragen. „Womit hast du auf Mr. Madec geschossen?"

„Mit der Schleuder, Sir."

„Die Schleuder, die du im Lager des alten Mannes gefunden hast?"

„Ja, Sir."

„Wo ist diese Schleuder, Ben?"

„Im Jeep."
Ben verfolgte, wie Ham einen raschen Blick mit Strick tauschte, der den Kopf schüttelte.
„Ist sie etwa nicht im Jeep?" fragte Ben.
„Im Jeep ist keine Schleuder."
„Dann muß sie rausgefallen sein, als wir den alten Mann ausluden", sagte Ben.
„Ist sie auch nicht", widersprach Strick.
„Sie muß entweder auf dem Parkplatz oder hinter dem Ambulanz-Zentrum liegen", beharrte Ben. „Denn sie war im Jeep, als ich herfuhr. Ich habe sie da gesehen."
„Ich habe keine Schleuder gefunden", meinte Strick. „Nirgends."
„Erzähl weiter, Benn", forderte Hamilton ihn auf.
„Aber sie muß irgendwo rumliegen! Eine Jagdschleuder mit einer Verstrebung, die man um den Arm legt."
„Ich meine, was passierte anschließend?" wollte der Sheriff wissen.
„Nicht mehr viel. Ich konnte ihm das Gewehr abnehmen und fesselte ihn. Darauf fuhr ich zurück, holte den alten Mann und schaffte ihn her."
Der Sheriff blickte hinüber zum Friedensrichter. Hondurak gab gerade Anweisungen: „Les, wie wär's, wenn Sie und Strick im Hubschrauber dort rüber fliegen und einige dieser Punkte nachprüften? Ja? Versuchen Sie die Stelle auszumachen, wo der alte Mann erschossen wurde. Bringen Sie mit, was Sie an Kugeln dort finden. Durchsuchen Sie sein Lager. Auch den Restberg könnten Sie mal ein bißchen unter die Lupe nehmen, für alle Fälle.
Und, wenn Sie entdecken, wo Ben Madec angeschossen hatte, sammeln Sie dort auch alle Kugeln ein."
„Darf ich mitgehen?" bat Ben. „Ich kann sie genau hinführen."
„Das geht schon so, Ben", sagte Ham. „Bleib du nur hier."
Ben blickte um sich. Plötzlich war ihm, als ob es in dem heißen, stickigen Zimmer eiskalt würde. Keiner wollte ihn ansehen. Es war richtig beklemmend.
Er wandte sich an Hondurak. „Was hat Madec Ihnen erzählt? Welche Geschichte hat er Ihnen aufgetischt?"

„Nun, das ist nicht unbedingt relevant, Ben", meinte Hondurak.
„Für mich schon", entgegnete der Junge. „Wenn Sie ihm glauben, stecke ich böse in der Klemme."
„Es kommt nicht darauf an, ob ich ihm glaube oder dir glaube. Das hier ist nur eine Voruntersuchung. Zur Debatte steht der Tod eines Mannes und der Tatbestand tätlicher Drohung mit schwerer Körperverletzung gegen einen anderen. Ich versuche nur alle Einzelheiten zusammenzutragen, um dann zu entscheiden, ob sich mit Recht eine Anklage erheben läßt wegen schwerer Körperverletzung in verbrecherischer Absicht und vielleicht auch wegen Verdacht auf Mord."
„Aber niemand ist ermordet worden!" protestierte Ben. „Es war ein Unfall."
Zum ersten Mal ergriff einer der Rechtsanwälte, Barowitz, das Wort. „Dreimal auf einen Mann zu schießen soll ein Unfall sein?" fragte er leise. Ganz trocken.
„Auf jemanden zu schießen, der bereits tot ist, ist jedenfalls kein Mord", versetzte Ben.
Der Anwalt zuckte nur die Schultern und lächelte Hondurak an.
„Ben, hör zu", mischte sich sein Onkel ein. „Sag kein Wort weiter. Ich besorge dir einen Anwalt."
„Ich brauche keinen Anwalt", sagte Ben. „Ich habe erzählt, wie sich alles abgespielt hat, und davon können Sie sich draußen in der Wüste selbst überzeugen. Wenn Ihnen Madec was anderes weismachen will, lügt er."
„Gut, gut, bleib ruhig", sagte Hondurak. „Okay, Strick, sperren Sie ihn wieder ein. Und dann brechen Sie beide am besten gleich auf."
„Wieso muß ich im Gefängnis bleiben?" fragte Ben und bemühte sich, ruhig zu sprechen. „Wo ist denn Madec? Doch nicht im Gefängnis!"
Hondurak fixierte ihn kühl und sagte: „Er ist genau so in Haft wie du. Allerdings ist er ziemlich übel zusammengeschossen und liegt im Krankenhaus."
„Hätte ich nur..." Ben wollte gerade hervorstoßen, daß er den Kerl hätte umlegen sollen, aber er verstummte.

„Hättest... was?" hakte Barowitz ein.
„Nie diesen Ausflug in die Wüste mit einem solchen Lügner unternommen!" sagte Ben und stemmte sich auf einen Wink von Strick hin aus dem Stuhl hoch.
Sobald er wieder in seiner Zelle hockte, trat sein Onkel an die Tür, lehnte sich dagegen und legte die Finger um die Eisenstäbe. „Ben, du weißt doch, daß du mir vertrauen kannst. Sag mir bitte jetzt die Wahrheit. Anders geht es nicht."
„Das ist die Wahrheit", erklärte Ben.
Sein Onkel schüttelte ganz langsam den Kopf. „So hat es sich aber da drin ganz bestimmt nicht angehört, Ben. Irgendwie klang es phantastisch. Wie ein erfundenes Märchen."
„Mir kam es genau so unwirklich vor, als es geschah." Ben trat an die Tür. „Was hat Madec ihnen erzählt?"
„Na ja, der Sheriff und Hondurak wollen nicht mit mir darüber reden, Ben. Vermutlich dürfen sie's auch von Rechts wegen nicht. Aber ich hab' mich ein bißchen mit Emma Williams im Ambulanz-Zentrum unterhalten.
Sie sagt, sie hätte alles mitgehört, was Madec ihnen erzählt hat...
Hört sich zweifellos böse für dich an, Ben. Seine Darstellung weicht gründlich von der deinen ab. Und seine Geschichte klingt entschieden plausibler."
„Ach, und inwiefern?"
„Mr. Madec nach warst du auf den alten Mann wütend, weil er die Dickhörner verscheucht hatte, hinter denen du her warst. Er sagt, daß es zu einem leichten Handgemenge kam, und der alte Mann dich mit dem Metall-Detektor ins Gesicht schlug und dich über eine kleine Klippe schubste. Dabei hast du dir die ganzen Prellungen und Schnittwunden geholt."
„Ach, du liebe Zeit", murmelte Ben.
„Dann, als ihr beide wieder am Jeep wart, erzählt Mr. Madec, hast du deine Hornet genommen und bist allein losgezogen. Du hättest erklärt, die Dickhörner wieder aufspüren zu wollen. Als er dann eine Schußsalve hörte, wäre er ziemlich sauer gewesen, denn schließlich wollte er ja draußen Jagd auf Dickhornschafe machen,

und nicht du. Deshalb wäre er dann auf den Bergkamm hochgekommen. Und da hattest du den alten Mann erschossen."
Ben lehnte sich gegen die Wand. „Das klingt alles so einfach."
„Ja, Ben. Dann behauptet Mr. Madec, du habest ihm weismachen wollen, der Schuß auf den Alten wäre ein Unfall gewesen. Aber du hattest zweimal auf ihn geschossen, und, als er dich zur Rede stellte, wurdest du böse."
Auf einmal fühlte Ben sich wohler. „Ach, und wie erklärt er, daß der Mann dreimal angeschossen wurde, nicht nur zweimal? Und zwar einmal mit einem wesentlich großkalibrigeren Gewehr als der Hornet? Wie will er das erklären?"
„Das ist ja gerade das Schlimme", sagte sein Onkel in dem ihm eigenen schleppenden, traurigen Tonfall. „Denn Mr. Madec behauptet, du habest ihm sein Gewehr weggenommen und damit nochmal auf den Alten geschossen. So wolltest du dann beweisen, daß Mr. Madec und nicht du den Alten getötet hätte."
Ben wurde das Gefühl nicht los, daß Madec ihn wieder ausgetrickst hatte. „Das ist alles erlogen", sagte er hilflos.
Sein Onkel starrte ihn nur an, schien den Tränen nahe. „Das hoffe ich wirklich für dich, Ben. Denn, als Mr. Madec nämlich gemerkt hat — erzählt er weiter — was du mit ihm vorhattest, hätte er versucht zum Jeep zurückzulaufen. Dabei hast du dann auf ihn gefeuert und so lange geschossen, bis er stehengeblieben wäre."
„Wenn ich das alles getan haben soll", sagte Ben und versuchte sich den Ablauf zu vergegenwärtigen, den Madec da für Hondurak, Strick und Ham inszeniert hatte. „Wenn sich das alles wirklich so abgespielt hätte, warum wäre ich dann so blöd gewesen? So blöd, mir die ganze Mühe zu machen, ihn zum Sheriff zu bringen? Wenn ich bereits den alten Mann ermordet haben soll, was hätte es mir da ausgemacht, Madec auch noch umzubringen? Verstehst du denn nicht, Onkel, daß seine Geschichte Blödsinn ist? Er lügt."
„So hört es sich aber ganz und gar nicht an", wandte sein Onkel ein. „Mr. Madec sagt, daß dir nichts anderes übrigblieb, als ihn festzunehmen; du hättest ihn umbringen wollen, aber dann Angst bekommen."

„Angst wovor?" fragte Ben. „Hätte ich nicht mehr Angst vor seiner Aussage haben müssen, wenn ich ihn am Leben ließ?"
„Du hattest wegen Les und Denny Angst. Als du nämlich den Alten erschossen hattest, flogen sie im Hubschrauber über euch hinweg. Du mußtest damit rechnen, daß sie dich bei allem beobachtet hatten, denn der Alte lag ja schließlich tot da. Deshalb mußtest du Mr. Madec die Schuld zuschieben, mußtest ihn deshalb auch lebend herbringen. Damit deine Geschichte glaubhafter wurde."
„Vielmehr, seine eigene zu untermauern." Ben kehrte der Tür den Rücken zu. „Hätte ich es nur getan!"
„Aber, aber, Ben!" warnte sein Onkel. „Das ist ja der Grund für das ganze Schlamassel. Du weißt, daß du ein richtiger Hitzkopf bist."
„Aber kein solcher Hitzkopf." Ben drehte sich wieder um. „Onkel, das alles ist eine Lüge! Alles. Sie können ihm doch nicht glauben!"
„Sie glauben ihm. Sie wollen es nicht so unverblümt zugeben, aber sie glauben ihm. Das Beste für dich ist, jetzt keinen Ton mehr zu sagen, und auf Joe McCloskey zu warten. Und dann Ben — erzähl ihm, wie es wirklich war."
Ben setzte sich wieder auf die Pritsche. Nach einer Weile hob er den Kopf. „Les und Denny landeten den Hubschrauber und unterhielten sich mit Madec. Wie erklärt er das?"
„Das habe ich dir eben erzählt. Als sie den Hubschrauber dort runtersetzten, hattest du den alten Mann gerade erschossen. Aber davon hatte Madec noch keine Ahnung. Er glaubte ja, du hättest Jagd auf Dickhörner gemacht, und darüber hat er sich den beiden gegenüber ausgelassen. Sie flogen weiter, um nach dir zu suchen."
„In die verkehrte Richtung. Weißt du was, Onkel", meinte Ben ruhig. „Ich habe Hondurak und Ham nicht alles erzählt. Ich habe eine Menge weggelassen. Nämlich, wie Madec sich bemühte, vorzutäuschen, daß er den Alten gar nicht erschossen hätte. Über seinen Versuch, mich zu bestechen. Er hat mir zehntausend Dollar angeboten. Nun, wie hört sich das an?"
„Zehntausend Dollar!" Sein Onkel schüttelte den Kopf. „Es

klingt wie alles andere, Ben. Irgendwie phantastisch. An deiner Stelle würde ich nichts davon sagen. Überhaupt nichts mehr sagen. Warte, bis Joe kommt und sprich mit ihm. Er wird dir raten, was du tun sollst."
Ben sah den Mann an, mit dem er fast das ganze Leben zusammengelebt hatte. „Ich fürchte, du glaubst mir nicht."
Sein Onkel senkte den Blick. „Ich glaube nicht, daß du zu einem vorsätzlichen Mord fähig bist. Ohne einen Grund zu haben. Aber, wenn dich ein Mann mit einem Metall-Detektor niederschlägt... nun, du bist ein schrecklicher Hitzkopf."
Ben ließ den Kopf hängen. „Schon gut, Onkel."
„Bis später dann, Ben."
„Ja", meinte Ben.
Gegen eins tauchten Hilfssheriff und Pfadfinder von neuem auf. Als der Junge das Essen brachte, sagte Ben: „Don, tu mir bitte einen Gefallen, ja?
Geh runter ins Ambulanz-Zentrum und bitte den Burschen da — Souchek heißt er, glaube ich — in den..."
„He, Momentchen mal", warf der Hilfssheriff von der Tür her ein. „Keine solchen Mätzchen, mein Junge."
„Ach, auf wessen Seite stehn Sie eigentlich?" fauchte ihn Ben an.
„Ich stehe auf keiner Seite, also reg dich wieder ab."
„Okay", sagte Ben. „Dann bitten eben Sie den Jungen, der dort unten saubermacht, in den Mülltonnen nach einer Schleuder zu suchen."
„Eine Schleuder!" schnaubte der Hilfssheriff angewidert. „Du willst, daß jemand die Mülltonnen nach einer Schleuder durchstöbert?"
Ben ging zur Tür. Der Hilfssheriff, wohl in der Annahme, er wollte fliehen, machte einen Schritt vor und blockierte die Tür mit der Hand am Pistolengriff. Ben blieb vor ihm stehen. „Ein Mann behauptet, ich hätte mit einem Gewehr auf ihn geschossen. Das stimmt nicht. Ich habe auf ihn mit einer Schleuder geschossen. Wenn ich diese Schleuder finden kann, ist das der Beweis. Deshalb wäre ich dankbar, wenn Sie mir helfen könnten, sie zu finden."

„Mal sehn, ob ich Zeit habe", meinte der Hilfssheriff, ließ Don heraus und schloß die Tür.
Der endlose Tag schleppte sich dahin, und es war schon lange dunkel, bevor der Hilfssheriff und Don Smith mit dem Abendessen kamen.
Ben trat an die Tür. „Was ist mit der Schleuder?" „Hab keine Zeit gehabt."
„Es wäre gut, wenn jemand nachsehen würde, ehe der Müll abtransportiert wird", erwiderte Ben.
„Vielleicht schaffe ich's nach Dienstschluß", meinte der Hilfssheriff, ließ Don wieder heraus und sperrte die Tür ab.
Ben setzte sich und stellte das Tablett auf die Knie. Er hatte keinen Hunger, aber essen war zumindest eine Beschäftigung.
Ja, zwischen den beiden Vordersitzen im Jeep hatte er die Schleuder gesehen...
Er faltete die Papierserviette auseinander.
Auf der Innenseite stand mit Bleistift geschrieben:
Kann die Schleuder nicht finden. Hab überall danach gesucht. Don.
Was hatte Madec damit getan? Er hatte doch nur Sekunden gehabt, sie zu verstecken.
Ben aß immer noch, wenn auch ohne Appetit, als Strick die Tür aufschloß.
„Ich muß einfach die Schleuder finden, Strick."
Strick blieb wartend an der Tür stehen, die Finger am Pistolengriff. „Geh vor mir her", befahl er drohend.
„Ich bin doch kein Schwerverbrecher", sagte Ben.
„Tu, was ich sag, geh vor mir her."
Im Büro war wieder alles versammelt: Hondurak, Sergeant Hamilton, sein Onkel, Sonja mit ihrer Maschine, Les Stanton und Denny O'Neil und die zwei Anwälte. Madec fehlte.
„Wo ist Madec?" wollte Ben wissen.
Niemand antwortete, und Strick sagte: „Setz dich."
„Okay, Strick", begann Hondurak. „Was haben Sie drüben in der Wüste ausfindig gemacht?"

„Alle Indizien bestätigen Mr. Madecs Aussage", erklärte Strick. Er überreichte Hondurak zwei zertrümmerte aber noch erkennbare Kugeln. „Wir schicken sie zur ballistischen Untersuchung ein, doch ich bin ziemlich sicher, daß es sich um Hornetgeschosse handelt. Ich fand sie oben auf dem Bergkamm, wo Ben, nach Mr. Madecs Aussage den alten Mann getötet hat. Es gibt reichlich Spuren, überall Blut, sieht so aus, als ob dort oben ein Kampf stattgefunden hat."

„Keine weiteren Geschosse?" erkundigte sich Hondurak. „Ben behauptet, der Mann wurde durch eine .358er getötet."

„Das habe ich dort schon gesagt!" fiel Ben ein. „Madec hat die Kugel gefunden und sie in die Tasche gesteckt."

Strick warf ihm einen scheelen Blick zu. „Das hast du uns weismachen wollen, wie?" Dann streckte er die Hand aus. Die .358er Gewehrkugel lag darin. „Die hier entdeckte ich nicht weit von den anderen beiden entfernt. Es ist eine .358er."

Ben hörte kaum noch, wie Hondurak fragte: „War das Gelände dort übersichtlich, Strick? Ich meine, konnten Les und Denny die Leiche vom Hubschrauber aus gesehen haben?"

„Darauf komme ich noch", sagte Strick. „Es gibt eindeutige Anzeichen, daß die Leiche des alten Mannes hochgenommen und unter einen kleinen Felsvorsprung gepackt worden war, so daß man sie nicht entdecken konnte — nicht von einem Hubschrauber aus."

„Madec hat ihn dort versteckt", rief Ben.

Keiner schien von ihm Notiz zu nehmen. Es war, als ob er überhaupt nicht gesprochen hätte.

„Als nächstes", fuhr Strick fort, „fanden wir das Lager des Alten. Ein einziger Trümmerhaufen.

Irgend jemand hatte es völlig verwüstet und zerstampft. Die Decke zerrissen, die Kleider zerfetzt, Wasserkanister eingeschlagen, den kleinen Camping-Kocher zertrümmert. Einfach ein heilloses Durcheinander. Aber" ... er hielt inne und musterte Ben... „wir fanden keine kleine Blechdose. Nirgendwo eine kleine Blechdose."

Ben blickte hinüber zu Hondurak. „Darf ich eine Frage stellen?"

„Sicher. Nur zu."

Ben wandte sich an Strick. „Du erwähnst eine Decke im Lager. Gab es Schuhe?"
„Ein Paar alte Stiefel; allerdings völlig abgetragen."
„Wenn sie da gewesen wären, als ich dort war, hätte ich sie doch mitgenommen, nicht wahr?" fragte Ben. „Ich war nackt. Ich hätte die Decke gut gebrauchen können und auch, egal was immer für Stiefel."
Der Anwalt, Barowitz, meinte liebenswürdig: „Euer Ehren, erscheint es Ihnen nicht auch so, daß sich dieser junge Mann widerspricht? Falls er wirklich so nackt und barfuß gewesen war, wie er vorgibt, hätte er doch bestimmt die Stiefel genommen, ganz gleich in welchem Zustand sie waren. Und, wie er gerade zugegeben hat, hätte er auch Stücke von der Decke gebrauchen können.
Die Tatsache, daß er das ganze Zeug dort ließ, scheint doch zu bezeugen, daß er, sagen wir mal, nicht ganz so nackt und bloß gewesen war, wie er es jetzt darstellen will."
Ben war zumute, als ob er in einem schalldichten Kasten sprach. Keiner hörte, was er sagte. Keiner verstand ihn. „Aber genau das habe ich gerade erklärt!" brüllte er. „Madec ist später zurückgegangen und hat den ganzen Kram dort wieder hingelegt. Als ich..."
„Um Himmelswillen, Mann, wozu denn?" fiel Barowitz ein. „Zu welchem Zweck sollte Mr. Madec den ganzen Plunder mit sich herumschleppen?"
„Als ich zum Lager kam, war nichts davon da", wiederholte Ben störrisch.
„Einschließlich, wie ich annehme, jener geheimnisvollen kleinen Schachtel mit der geheimnisvollen Schleuder, die sich inzwischen in Luft auflöste?" höhnte Barowitz.
„Na, na", mischte sich Hondurak ein. „Bitte keinen Streit, Leute. Das hier ist lediglich eine Voruntersuchung... Wie sieht es mit dem Restberg aus, Strick?"
„Ich will nicht streiten!" protestierte Ben.
„Ich will nur..."
„Wir kommen gleich darauf zurück, Ben", schnitt ihm Hondurak

das Wort ab. „Ich möchte einfach erst alle nackten Tatsachen sammeln, und dann können wir uns den Fall genauer betrachten. Also wie war das mit dem Restberg, Strick?"
„Niemand ist den Restberg hochgestiegen", erklärte Strick in der lauten, selbstsicheren Stimme, die Ben noch von der Schule her in Erinnerung hatte. „Jemand hat es versucht, hat Zeltpflöcke in die Felswand getrieben und einige Stufen ausgehauen, aber hochgeklettert ist niemand."
„Doch, ich!" sagte Ben.
Strick drehte sich zu ihm um. „Bestimmt nicht die Zeltpflöcke hoch. Sie reichten nicht hoch genug."
„Ich bin über die andere Seite hochgestiegen." Strick verzog den Mund zu einem Lächeln. „Erst erzählst du, du wärst da draußen nackt rumgelaufen, und jetzt willst du diesen Restberg hochgeklettert sein — mit bloßen Händen und splitternackt. Nun, ich versichere dir, daß niemand ohne Bergsteiger-Ausrüstung es da hinauf schafft. Stimmt's, Les?"
„Ich könnte es jedenfalls nicht", sagte Les. „Aber ich", beharrte Ben.
„Schon gut, schon gut", fiel Hondurak wieder ein. „Ben berichtet weiter, er wäre von den Bergen hinüber bis zum Restberg gelaufen. Haben Sie irgendwelche Spuren gefunden, Strick?"
„Les glaubt, Spuren gesehen zu haben. Aber wie Fußspuren sind sie mir bestimmt nicht vorgekommen."
„Nun, Les?" fragte Hondurak.
„Es gibt Spuren", bestätigte Les. „Ich kann nicht beschwören, woher sie stammen, sie sind sehr undeutlich. Aber Ben sagt, er hätte diese Fasersandalen getragen, und damit könnte er ähnliche Spuren hinterlassen haben."
„Les ist der Experte", meinte Strick. „Aber mir kamen diese Dinger nicht wie menschliche Fußspuren vor, mit Sandalen, oder ohne..."
Ben beobachtete Les, aber der zuckte nur die Schultern.
„Und wie sah es in ihrem Lager aus?" fragte Hondurak.
„Sie haben zwei oder drei Tage dort campiert", erzählte Strick.

„Alles war daher ziemlich durcheinander. Keine Spuren, die aufschlußreich gewesen wären."
„Auch keine Hornetgeschosse?"
„Niemand hat die Hornet abgefeuert!" kam es von Ben.
„Wenn dort welche rumliegen sollten, dauert es einige Zeit, sie aufzustöbern", bemerkte Strick. „Wir können es noch mal versuchen, wenn wir mehr Zeit haben."
„Gut", sagte Hondurak. „Mir scheint, wir haben hinreichend Beweise, daß auf den alten Mann oben auf dem Bergkamm zwei Schüsse aus einer Hornetflinte abgegeben wurden, und daß auf Mr. Madec unten in der Wüste ebenfalls aus einer Hornet geschossen wurde." Er bedachte die beiden Anwälte mit einem Blick, die drüben nebeneinander auf der Bank saßen. „Deshalb scheint mir, daß wir hier folgende Klagen vorbringen müssen: bei dem alten Mann Mordverdacht und bei Mr. Madec Körperverletzung mit dem erschwerenden Umstand verbrecherischer Absicht."
Ben sprang hoch. „Einen Augenblick! Sie hören ja nicht mal zu! Sie stellen ja nicht mal irgendwelche Fragen! Sie..."
„Ben! Ben!" ermahnte ihn sein Onkel. „Vergiß nicht, was ich gesagt habe. Halt jetzt den Mund, Ben."
Ben ignorierte ihn und ging zu Les Stanton rüber, der in seinem Stuhl die langen Beine von sich gestreckt hatte. Er zog sie ein, als Ben näherkam.
„Les, sind Sie auf den Restberg hochgestiegen?"
„Ja, wir sind oben auf dem Gipfelplateau gelandet."
„Haben Sie den Tunnel gesehen, ungefähr sechzehn Meter unterhalb des Gipfels. Ein alter Wassertunnel mit einem Auffangbehälter darin?"
Les schwieg lange. Endlich sagte er, ohne Ben anzusehen: „Erinnerst du dich nicht, Ben? An den Tag damals, als du und ich über den Restberg geflogen sind, und ich dir das Auffangbassin im Tunnel dort gezeigt habe?"
„Klar, Les. Deshalb bin ich auch dorthin gegangen. Deshalb mußte ich da hochklettern. Weil ich Wasser brauchte."
Mr. Barowitz schüttelte lächelnd den Kopf. „Das erklärt jetzt

natürlich vieles. Zum Beispiel, woher du das Gelände dort so haargenau beschreiben konntest. Ohne jemals im Tunnel selbst gewesen zu sein!"

„Ich bin drin gewesen!" begehrte Ben auf.

Les hielt den Blick noch immer gesenkt. „Du konntest nicht über die Zeltpflöcke bis an die Wasserstelle gekommen sein, Ben. Das hättest du nicht geschafft."

„Stimmt. Ich bin von der anderen Seite hochgestiegen."

Noch immer sah Les nicht auf. „Ben, ich will dich nicht einen Lügner nennen, aber kein Mensch kann von der anderen Seite aus in den Tunnel gelangen."

Es hatte keinen Sinn. Er konnte sie nicht überzeugen, entschied Ben. Er mußte es ihnen beweisen. „Sind Sie in den Tunnel runtergestiegen?" fragte er.

„Ich habe mich nach unten abgeseilt."

Jahrelang hatte Ben Les für einen der besten, anständigsten Menschen gehalten. Den am wüstenerfahrensten Mann, den er kannte. Gern wurde von Les behauptet, daß er sogar eine Fledermaus aufspüren könnte.

„Als ich dort im Tunnel war", Ben versuchte seine Stimme gelassen und ohne Erregung klingen zu lassen, „habe ich mit der Schleuder elf Vögel erschossen. Und sie gegessen. Nur die Knochen zurückgelassen. Haben Sie irgendwelche Knochen gefunden, Les?"

Les schwieg und runzelte nur die Stirn.

Ben konnte es nicht fassen. Les hätte kein so verräterisches Anzeichen, wie diese Knochen übersehen können. „Knochen von Wachteln", fügte er hinzu.

Endlich hob Les den Blick. „Es können Knochen da gewesen sein. Mir sind nur keine aufgefallen, Ben. Es wurde ziemlich dunkel da drinnen."

Ben starrte ihn an. „Wenigstens eine Rennechse? Die habe ich auch geschossen und gegessen. Bis auf die Haut."

„Ich habe nichts gesehen, Ben."

„Les, gehen Sie noch mal hoch, ja? Gleich morgen früh..."

„Euer Ehren", wandte Barowitz ruhig ein, „das hier ist keine

Gerichtsverhandlung, sondern ein einfaches Verhör. Daher schlage ich vor, daß wir, um Verwirrung zu vermeiden, uns nicht mit derartig unbedeutenden Details befassen."
Ben wirbelte zu ihm herum. „Das sind keine unbedeutenden Details! Die Knochen oben im Tunnel würden beweisen, daß ich dort gewesen bin und nicht da, wo ich nach Madecs Aussage gewesen sein soll." Er wandte sich wieder an Les. „Wir müssen sie holen, Les. Ehe noch etwas anderes..."
„Ben", sagte Hondurak mit Nachdruck. „Ich leite diese Untersuchung, wenn du nichts dagegen hast."
„Aber, verstehen Sie denn nicht, Sir? Wenn Knochen daliegen..."
„Darf ich eine Zwischenbemerkung machen?" fragte Barowitz. „Sterben Vögel nicht auch hin und wieder eines natürlichen Todes, Euer Ehren?"
Ben wollte ihn anfahren, aber der Sheriff hob die Hand und las unterdessen weiter aus einem Notizbuch auf seinem Schoß vor: „Das hier ist Mr. Madecs Aussage. Danach sollst du, Ben, dich während der ersten beiden Tage, die ihr draußen in der Wüste zubrachtet, immer wieder an diesem Restberg herumgetrieben haben. Madec sagt, er weiß nicht, ob du hochgeklettert bist oder nicht, denn er war auf der Jagd nach Dickhörnern. Immerhin hättest du aber versucht hochzusteigen." „Herumgetrieben!" platzte Ben heraus. Dann senkte er die Stimme. „Wenn ich mich da nur herumgetrieben hätte, wieso sollte ich dann rohe Vögel essen? Und eine rohe Eidechse?"
Barowitz blickte Hondurak an. „Obwohl ich mit Euer Ehren darin übereinstimme, daß diese Einzelheiten dem Gericht überlassen bleiben sollten, möchte ich zu bedenken geben, daß die bloße Existenz von einigen Vogelknochen noch keinerlei Rückschlüsse auf die Person zuläßt, die das Fleisch von diesen Knochen genagt hat. Ganz bestimmt geben Sie mir, mit Ihrer so viel größeren Erfahrung in der Wüste darin recht, daß die bloße Anwesenheit von Knochen nichts beweist: Nicht, wie sie dahin gekommen sind, oder wie der Vogel starb oder was mit dem Kadaver geschah."

„Ja, allerdings", räumte Hondurak ein. „Ben, du weißt, daß es mir aufrichtig leid tut. Aber du siehst ja selbst, wie der Fall liegt. Und ich bin nur Friedensrichter, Ben, und das hier ist kein Gericht. Nichts ist endgültig. Ich stelle lediglich fest, ob das Beweismaterial ausreicht, jemanden in Haft zu nehmen. Verstehst du?"
„Das Beweismaterial reicht", versetzte Ben. „Aber nicht, um mich zu verhaften."
„Setz dich jetzt, Ben", verwies ihn Hondurak streng.
Ben setzte sich langsam und sah von einem zum anderen. Die beiden Anwälte waren damit beschäftigt, ihre Aktenmappen zu ergreifen und sich die Krawatten zurechtzurücken. Les starrte nur stirnrunzelnd zu Boden. Sergeant Hamilton war zu Strick getreten und unterhielt sich leise mit ihm. Hinter seinem Schreibtisch machte sich Hondurak einige Notizen.
Keiner bedachte ihn mit einem Blick, nicht einmal Denny O'Neil, der auf seine Armbanduhr sah, oder Sonja, die die schmalen Papierstreifen zusammenfaltete.
Selbst diese Menschen, die früher meine Freunde gewesen sind, glauben mir, wollen mir nicht einmal zuhören, dachte Ben. Was habe ich da für eine Chance, wenn ich erst aus der Stadt gebracht und vor ein Gericht in der Kreishauptstadt gestellt werde, wo mich keine Seele kennt?
Madec war ja so überzeugend. Alles paßte lückenlos zusammen, säuberlich und logisch, von genug Beweismaterial gestützt.
Dann plötzlich erinnerte sich Ben. Mit fast schriller, aufgeregter Stimme rief er: „Mr. Hondurak! Darf ich Les noch eine Frage stellen?"
„Hör mal, Ben..."
„Nur diese eine."
„Okay, aber mach's kurz."
„Les, als ihr mit dem Hubschrauber gelandet seid, wo soll ich da nach Madecs Aussage gewesen sein?" fragte Ben.
„In den Bergen. Da hattest du auf Dickhörner geschossen, und er war ziemlich giftig darüber."
„Wie weit vom Hubschrauber entfernt?"

Les wechselte einen Blick mit Denny. „Elf, zwölf Kilometer?"
„Ungefähr elf", bestätigte Denny.
„So daß ich euch nicht gesehen haben könnte?"
„Worauf zielt das Ganze eigentlich ab?" warf Barowitz ein.
„Warten Sie's ab!" fuhr ihn Ben kurz an. „Les, hätte ich Sie sehen können?"
„Na ja, du hättest den Hubschrauber sehen können."
„Nein, ich meine Sie. Was Sie anhatten, was Sie getragen haben."
„Tja, ich weiß nicht, Ben. Nein, ich glaube nicht. Nicht aus einer Entfernung von elf Kilometern."
Ben fixierte Barowitz. Jetzt, zum ersten Mal war ihm wohler, hatte er das Gefühl, aus der Falle auszubrechen, die ihm Madec gestellt hatte.
„Bestens!" rief Ben triumphierend. „Aber vom Restberg aus hätte ich Sie deutlich erkennen können?"
„Klar. Wir sind direkt an seinem Fuß gelandet." „Gut. Wenn ich Ihnen jetzt Ihre Kleidung genau beschreiben kann, dann war ich nicht in den Bergen drüben. Sondern oben auf dem Restberg, oder?"
Barowitz erhob sich, offensichtlich bereit zum Aufbruch. „Das alles ist sehr interessant", meinte er. „Aber ich frage mich, ob viel Phantasie dazu gehört, die Uniform eines Jagdaufsehers zu beschreiben?"
Ben grinste Barowitz lediglich an, während Hondurak sagte: „Da haben Sie recht."
„So, tatsächlich?" fragte Ben. „Denn Les trug gar nicht seine Uniform. Was, Les?
Sie hatten ein purpurrotes Hemd an und eine gelbe Hose. Und weiße Schuhe. Stimmt's etwa nicht, Les?"
Les wirkte verlegen. „Nun, ich mußte Claytons Streifenflug in letzter Minute übernehmen."
Ben wandte sich zu Hondurak um. „Sehen Sie, Sir, Madec lügt. Alles, was er behauptet, ist eine Lüge."
„Mr. Hondurak!" rief Barowitz und eilte auf den Friedensrichter zu. „Ich muß gegen diese Ausdrucksweise protestieren! Ganz energisch, Sir."

„Ben, beruhige dich jetzt... Also, Les, wie sieht's damit aus? Trugen Sie wirklich weiße Schuhe und ein ... purpurrotes Hemd?'
Les lachte. „Einmal im Leben gehe ich ohne Uniform auf Streifendienst, und schon lande ich beim Sheriff."
„Ich konnte also gar nicht drüben in den Bergen gewesen sein, wie Madec erzählt", wiederholte Ben. „Wenn nun eine von seinen Behauptungen falsch ist, warum nicht alle anderen auch?"
Während Barowitz quer durch den Raum auf den Waffenkasten an der Wand zusteuerte, meinte Hondurak: „Jetzt bleib ruhig, Ben..."
Barowitz drehte sich um. Er hielt Bens Hornet in der Hand. Eine Sekunde lang inspizierte er sie und sagte dann: „Ziemlich starkes Zielfernrohr auf dieser Flinte. Ich glaube, es ist nicht weiter schwer, durch ein solches Fernrohr zu sehen, was ein Mann trägt."
„Nicht aus einer Entfernung von elf Kilometern!" schrie Ben.
Barowitz hob die Waffe, peilte durch das Zielfernrohr. „Ich könnte es bestimmt", erklärte er und legte die Waffe wieder hin.
Zum ersten Mal ergriff der andere Anwalt das Wort. „Vielleicht war er auch viel näher dran, nur eben nicht auf dem Restberg. Schließlich hatte er das Lager schon Stunden vorher verlassen. Er konnte irgendwo in der Wüste umherstreifen. Nahe genug, um zu beobachten, was ein Mann anhatte."
Barowitz schlenderte zurück und griff nach seiner Aktenmappe. „Ich finde, Sie haben eine kluge Entscheidung gefällt, Euer Ehren, diesen Burschen hier anzuklagen. Dann guten Abend, Sir."
„'n Abend, 'n Abend", murmelte Hondurak geistesabwesend.
Als sich die Tür schloß, schaute Hondurak langsam zu Ben hinüber. „Tut mir ehrlich leid, Ben, aber du siehst selbst, wie es steht. Ich muß dich dem Gericht übergeben."
„Nein", widersprach Ben. „Nein, ich verstehe das nicht. Madec hat den alten Mann erschossen, und ich habe auf Madec geschossen, damit er mich nicht umbrachte. Deshalb begreife ich nicht, warum ich hier als einziger angeklagt werden soll."
„Okay, Strick", befahl der Friedensrichter. „Sperren Sie ihn ein."

17

Die Stimme seines Onkels klang gedämpft und von weit weg, wie die Stimme aus einem Traum, die dummes Zeug schwatzte. „Alles in Ordnung, Ben. Du bekommst einen Anwalt. Es wird schon werden, Junge."
Ben sah Strick an. „Vermutlich willst du jetzt erst recht, daß ich vor dir hergehe?"
„Los", sagte Strick.
Ben streckte die Hand nach der Türklinke aus, als die Tür aufgestoßen wurde und Dr. Saunders reinmarschierte. Er trug noch seinen grünen Arztkittel, und die Instrumente standen aus den Taschen heraus.
Ben drehte sich wieder zu Hondurak um. „Vielleicht hat der Arzt Neuigkeiten."
Der Arzt beäugte ihn wie ein lästiges Insekt, ging an ihm vorbei auf Hondurak zu.
„Rühr dich", befahl Strick.
Doch nochmals wurde die Tür von den zwei Anwälten blockiert, die zurückkamen.
„Warten Sie, Strick", ordnete Hondurak an.
Ben blieb stehen und drehte sich um. Der Arzt hatte sich mit verschränkten Armen vor Hondurak aufgebaut und bedachte den Friedensrichter mit dem gleichen Blick, den er für Ben gehabt hatte. „Ich mag es nicht sonderlich, wenn man mich holt", sagte er.
Hondurak schien verwundert. „Tut mir leid, wenn es Ihnen so vorgekommen ist. Das war nicht meine Absicht, Doc. Ich dachte nur, Sie könnten uns helfen."
„Womit?"
Die beiden Anwälte traten vor und blieben hinter dem Doktor stehen.

„Mr. Madecs Rechtsanwälte", stellte Hondurak vor. „Mr..."
Der Arzt wandte sich mit einem Lächeln um.
Er reichte Barowitz die Hand, und beide tauschten einen herzlichen Händedruck.
„Wie geht's, Doktor?" erkundigte sich Barowitz.
„Hat man Sie gut im Motel untergebracht?" fragte der Arzt.
„Bestens. Das verdanken wir Ihnen."
„Nicht der Rede wert", erwiderte der Arzt lächelnd.
„War mir ein Vergnügen." Dann wandte er sich Hondurak zu, und Ben spürte, wie sein Benehmen wieder arrogant und frostig wurde. „Also, was wollen Sie von mir?" fragte er.
Hondurak sagte, ohne jemanden direkt anzusprechen: „Wir brauchen ein medizinisches Gutachten in dieser Sache." Dann sah er zu Saunders auf. „Ich meine, alles, was uns als Beweismaterial dienen könnte."
„Um was handelt es sich?" schnappte der Arzt.
Er war so kalt, dachte Ben, so feindselig, wie er den Friedensrichter ungerührt fixierte.
Hondurak schien eingeschüchtert. „Nun, es ist eine sehr ernste Sache", entschuldigte er sich. „Mordverdacht und vorsätzliche Körperverletzung."
Der Arzt wandte sich halb um und musterte Ben eine Zeitlang kühl. „Mit gutem Recht", bestätigte er.
Ben hielt seinem Blick stand und sagte fest: „Sie wollen mich wohl auch einschüchtern, Doc? Nun, das schaffen Sie nicht. Ich will..."
„Ben", fiel der Sheriff ein. „Jetzt reicht's. Ich dulde keine weiteren Unterbrechungen von dir."
Ben sah ihn an. „Ham, ich stehe unter Mordanklage. Habe ich nicht mal das Recht, den Versuch zu machen, mich zu verteidigen?"
„Dazu wirst du deinen Termin bei Gericht bekommen", bemerkte der Sheriff.
„Wenn der nur im entferntesten so abläuft, wie das heute, verbringe ich den Rest meines Lebens im Kittchen", sagte Ben.

„Ben", mahnte Hondurak. „Wenn du nicht den Mund hältst, muß ich dich einsperren, und dir außerdem noch Mißachtung des Gerichts anlasten. Also verhalt dich jetzt still."
Er dämpfte die Stimme und sagte höflich: „Gut, Doktor..."
Der Arzt drehte sich zu Ben um. „Der Junge hier hat Schürfwunden an Rücken, Hinterteil, Armen, Beinen, Füßen und Knien. Diese Schürfwunden entstanden, als sich nichts, kein Stoff oder anderes Material zwischen seiner Haut und was immer sie abschürfte, befand. Mit anderen Worten war er zu der Zeit nackt. Die Fleischwunden an den Füßen und die Schnittwunde an der Wange wurden offenbar durch spitze Steine verursacht.
Außerdem fanden sich Spuren von Sand in den Haaren, im Bart, in den Ohren und in der Schamgegend." „Hochinteressant", bemerkte Barowitz. „Sagen Sie mir, Doktor, kann er diese Verletzungen erlitten haben, als ihm jemand mit einem wuchtigen Metall-Detektor ins Gesicht schlug, und er dann über eine Klippe mit ziemlich scharfen Felsen stürzte?"
„Gut möglich", sagte der Arzt und fügte hinzu: „Vorausgesetzt, daß er bei diesem Sturz nackt war."
Barowitz lächelte ihn an. „Na, Doktor, wäre das nicht ein wenig schwierig nachzuweisen? Unter Eid?"
„Gestern abend, als ich die Körperstellen säuberte, hätte ich es beweisen können. Jetzt nicht mehr."
„Das dachte ich mir", meinte Barowitz.
Der Doktor hob die Schultern und berichtete weiter. „Der Junge litt ebenfalls unter schwerem Wasserentzug und war während einer beträchtlichen Zeitspanne völlig unbekleidet der Sonne ausgesetzt gewesen."
„Wie Sie sich erinnern, Sir", wandte sich Barowitz an Hondurak, „beschwerte sich Mr. Madec in seiner Erklärung darüber, daß dieser Junge, den er als Jagdführer angestellt hatte, einen großen Teil ihrer Zeit damit vergeudete, sich nackt zu sonnen."
„Lächerlich!" empörte sich Ben. Er sah die andern der Reihe nach an. „Ich bin doch nicht verrückt. Nie würde ich mich in der Wüste sonnen. Das wissen Sie doch."

„Mr. O'Neil, erzählten Sie nicht, daß Sie einmal vom Hubschrauber aus diesen Jungen nackt in der Wüste haben liegen sehen?" fragte Barowitz.

„Na ja", Denny wich Bens Blick aus. „Ich weiß nicht, ob er splitternackt war."

Ben starrte Denny so lange an, bis er schließlich den Blick erwiderte. „Besten Dank", sagte Ben.

„Ich hatte keine Ahnung, daß er es so auslegen würde", murmelte Denny.

Barowitz sah Ben an. „Wollen Sie Mr. O'Neils Aussage bestreiten?"

Ben sackte auf seinem Stuhl zusammen. „Ich wollte damals nur herausfinden, wie ein Aasgeier in der Wüste auf einen liegenden Körper reagiert", erklärte er tonlos.

„Oh, verstehe." meinte Barowitz. „Dann hatten Sie sich also nicht gesonnt?"

„Nein, ich hatte mich nicht gesonnt."

„Sie lagen einfach da und warteten darauf, von den Aasgeiern angefallen zu werden?"

Ben bemerkte hier und da ein Lächeln.

Barowitz wandte sich von ihm ab. „Nun, Doktor", sagte er liebenswürdig, „Sie haben uns ausführlich über die geringfügigen Schnittwunden und Prellungen dieses Jungen berichtet. Was nun meinen Mandanten angeht..."

Hondurak fiel ihm ins Wort. „Doktor, haben Sie in Ihrem Bericht nicht aufgenommen, daß Ben auch angeschossen wurde?"

„Ja. Eine Schußwunde am Arm."

„Eine sehr interessante Schußwunde, übrigens", warf Barowitz ein. „Ich schlage vor, Sie sehen sie sich mal an, Sir."

Ben hielt den Arm hoch, drehte ihn so, daß beide Verbände zu sehen waren.

„Ist das nicht eine nette, praktische Wunde?" spottete Barowitz.

„Eine harmlose Fleischwunde. Wie sie sich jemand selbst zufügen würde, um dann einen anderen zu beschuldigen, auf ihn geschossen zu haben. Wie Sie in Ihrem Bericht erwähnen, Doktor, hat die

Kugel den Arm kaum verletzt. Es liegt auf der Hand, Sir, daß dieser Junge sich selbst anschoß, dabei darauf achtete, sich nicht zu verletzen, und das alles nur, um Mr. Madec zu belasten."
„Und wie, Mr. Hondurak, soll ich das ohne Waffe angestellt haben?" fragte Ben.
„Sir", erklärte Barowitz aalglatt, „wie bereits festgestellt, war er bewaffnet, denn er hatte seine Flinte mitgenommen. Denn so konnte er auch die Kleidung des Jagdaufsehers sehen — durch das Zielfernrohr."
„Ach ja, stimmt." Hondurak nickte.
Barowitz wandte sich erneut an den Arzt. „Kommen wir jetzt zum Hauptpunkt. Die vorsätzlich, überlegt und kaltblütig tatsächlich abgefeuerten Schüsse auf Mr. Madec. Täter ist dieser Junge, der uns jetzt vormachen will, keine Waffe besessen zu haben. Ich bin sicher, Doktor, daß Sie jedem Gericht hinlänglich beweisen können, daß Mr. Madec angeschossen wurde, und zwar wiederholt angeschossen wurde. Mit Arglist und mit Vorbedacht."
„Was der Schütze sich dabei gedacht hat, kann ich nicht sagen", erklärte der Doktor. „Ich kann nur bezeugen, daß auf Mr. Madec geschossen wurde. Fünfmal."
„Fünfmal", wiederholte Barowitz langsam. Und sah alle Männer im Raum der Reihe nach an. „Da Sie alle meisterhafte Schützen sind, werden Sie mir gewiß darin recht geben, daß ein Experte, der einen Mann mit fünf Schüssen auch fünfmal trifft, ohne ihn zu töten, ihn ganz offensichtlich nicht töten wollte. Daß, genau betrachtet, ihn zu töten, ein verhängnisvoller Fehler gewesen wäre."
„Natürlich wollte ich ihn nicht umbringen", sagte Ben. „Das brauchen Sie nicht erst zu beweisen."
„Natürlich nicht!" fuhr ihn Barowitz an. „Oder Sie hätten überhaupt kein Alibi mehr." Er wandte sich wieder an den Arzt. „Mit welchem Kaliber wurde auf Madec geschossen, Doktor?" Ben lehnte den Kopf wieder an die Stuhllehne.
„Ich habe nicht mit einem Gewehr auf ihn geschossen, sondern mit..."
„Ben!" warnte Hondurak. „Weiter, Doktor."

„Ich bin kein Kaliber-Fachmann", erklärte der Arzt. „Ich kann nur beweisen, womit Mr. Madec getroffen wurde."
Barowitz zog eine Hornetpatrone aus der Tasche und zeigte sie dem Arzt. „Ungefähr gleiche Größe und Durchmesser wie diese Kugel?"
Der Doktor prüfte das Geschoß. „So ziemlich, würde ich sagen."
„Das ist eine Hornetkugel. Würden Sie daraus nicht schließen, daß die Schüsse auf Mr. Madec aus einer Hornetflinte stammten, Doktor?"
Bevor er antworten konnte, wandte Hondurak freundlich ein: „Heißt das nicht, voreilige Schlüsse zu ziehen?"
„Wenn Sie das meinen, Sir", erwiderte Barowitz.
„Ich versuche nur festzuhalten, daß nach Aussage des Doktors Mr. Madec von Geschossen der gleichen Größe wie die der Hornet verletzt wurde. Ich glaube wirklich nicht, daß man das als voreiligen Schluß bezeichnen kann."
„Tja, ich weiß nicht. Lassen wir das für den Moment", meinte Hondurak.
„Natürlich, Sir. Nun, Doktor, waren die Kugeln, die auf Mr. Madec abgegeben wurden, nicht das gleiche Kaliber, wie die, die den alten Mann töteten? Hornetkugeln?"
„Zwei der Geschosse, die Sie mir zeigten, haben ungefähr die gleiche Größe, waren jedoch kleiner als das dritte."
Bens Onkel war verwirrt. „Drei?" mischte er sich ein. „Ich dachte, er wurde nur zweimal getroffen?"
Barowitz klang ein wenig müde, als er sagte: „Erinnern Sie sich nicht? Ihr Neffe hat auch mit Mr. Madecs Gewehr auf den alten Mann geschossen."
„Ja, richtig", sagte Bens Onkel.
„Dreimal", fuhr der Arzt fort. „Einmal eine Kugel mit großem Gewicht, die mit erheblicher Wucht einschlug. Die zwei anderen Einschüsse stammten von Kugeln mit wesentlich geringerem Gewicht."
Das machte Barowitz richtig glücklich. „Ein guter Arzt braucht zu einer derartig einfachen Feststellung keine Autopsie vorzunehmen, oder?"

„Nein. Man braucht sich nur die Wunden zu betrachten. Dabei fallen einem die unterschiedliche Gewebe- und Knochenzerstörung auf, die von einem schweren Geschoß verursacht werden im Vergleich zu einer viel leichteren Kugel."
Bestimmt würde ihm Hondurak wieder den Mund verbieten. Trotzdem konnte sich Ben die Frage nicht verkneifen: „Welches Geschoß hat ihn getötet, Doc?"
Der Doktor sah ihn an, als ob er ein Idiot wäre. „Die erste, die traf, natürlich."
„Dann könnte ihn entweder das Geschoß in den Hals oder dasjenige in die Brust getötet haben?" vergewisserte sich Barowitz.
„Das in die Brust", erklärte der Arzt.
Ben streckte die schmerzenden Füße von sich und ließ sich auf dem Stuhl zurücksinken. Er wußte, daß ihn der Arzt ignorieren würde. „Welches genau, Doc? Die kleine oder die große Kugel?"
Ben war überrascht, als der Arzt ruhig antwortete: „Von den zwei Kugeln, die ihn in die Brust trafen, war die erste tödlich. Die schwerere von beiden."
Mit einem Ruck zog Ben die Beine ein, setzte sich kerzengerade hoch und wartete auf die allgemeine Reaktion.
Aber Barowitz ging geschickt darüber hinweg. „Kommen wir jetzt auf die Verletzungen meines Mandanten zurück, Doktor. Halten Sie sie für ernsthaft genug, um als Anschlag auf sein Leben gelten zu können?"
Ben hielt es nicht länger aus. „Einen Augenblick!" fuhr er dazwischen und versuchte auf die Füße zu kommen. „Hat denn niemand gehört, was er gesagt hat? Hört denn überhaupt keiner zu?"
„Ben..." knurrte der Sheriff.
„Die .358er hat ihn getötet!" brüllte Ben.
„Madec hat ihn umgebracht! Kapiert das denn niemand?"
„Du hast ihn erschossen", sagte Strick und baute sich vor ihm auf. „Du hast ihn mit Mr. Madecs Gewehr abgeknallt, um dann Madec die Schuld in die Schuhe schieben zu können."
„Halt die Klappe, Strick", fauchte Ben und humpelte um ihn

herum auf den Arzt zu. Er legte dem Arzt die Hand auf den Arm und bat: „Doktor, helfen Sie mir."
„Was denkst du eigentlich, was ich mache?" sagte der Arzt barsch.
Ben starrte ihn an. „Sie bringen mich ins Gefängnis."
„Das kann ich allein beurteilen", entgegnete der Arzt.
Ben ließ die Hand sinken. „Gut. Nur wiederholen Sie noch einmal für alle, daß ihn die .358er getötet hat."
„Ich weiß nicht einmal, was .358er bedeutet", meinte der Arzt.
„Ein Geschoßkaliber", sagte Ben. „Und sie hat ihn getötet. Warum können Sie das nicht wiederholen?"
Barowitz machte, an Ben vorbei einen Schritt auf Hondurak zu. „Ist es nicht wirklich unerheblich, Euer Ehren, durch welches Geschoß er starb? Geht es hier nicht hauptsächlich nicht durch was, sondern durch wen?"
„Tja", meinte Hondurak vage. Dann lehnte er sich an Barowitz vorbei und fragte: „Doc, woher wissen Sie, welche Kugel ihn getötet hat? Wie können Sie das feststellen?"
„Doktor!" kam es schneidend von Barowitz. „Ich rate Ihnen, diese Frage nicht zu beantworten.
Es ist eine Frage für einen Gerichtspathologen, nicht für einen praktischen Arzt." Dann wandte er sich Hondurak zu. „Ich bin dankbar für die Bemühungen des Doktors in der Aufklärung dieses Falles. Aber gewiß sind Sie sich darüber im klaren, daß nur ein erfahrener Pathologe eine solche Feststellung treffen kann."
„Ich möchte kurz darauf eingehen", meinte Hondurak.
„Doc, Sie sagten, die .358er hätte ihn getötet. Können Sie das untermauern, oder nicht?"
„Das schwerste Geschoß hat den Tod verursacht", bestätigte der Arzt.
„Ich bin peinlich berührt, Doktor", sagte Barowitz. „Sie stellen Ihren Ruf als Mediziner in Frage. Sie sind nicht kompetent, eine solche Vermutung auszusprechen."
Der Arzt unterhielt sich weiter mit Hondurak, so, als ob Barowitz gar nicht gesprochen hätte.

„Die erste Kugel, die den alten Mann traf, war die massivste von den dreien, die auf ihn abgegeben wurden. Ihr Name sagt mir nichts — ob .358er oder Hornet. Diese Kugel jedoch hat ihn getötet."
Barowitz wedelte mit den Armen. „Unzulässig! Nichts als Vermutung! Ein voreiliger Schluß!"
Der Doktor beachtete ihn nicht. „Die anderen beiden Kugeln haben den Mann überhaupt nicht verwundet..."
„Nicht verwundet!" kreischte Barowitz. „... im Hals?... In der Brust?..."
„Er war bereits tot", erklärte der Arzt gelassen. „Als jene beiden Geschosse ihn trafen, war er schon seit fast einer Stunde tot."
Ben spürte, wie diese Enthüllung jeden im Raum wie ein Schlag traf. Allgemeine Bewegung brach aus, man setzte sich auf, lauschte und beobachtete gespannt.
Barowitz' ruhige Stimme brach das Schweigen. „Doktor, haben Sie die vom Gesetz vorgeschriebene Genehmigung der Familie, an diesem Manne eine Autopsie vorzunehmen?"
„Nein, keine Autopsie", sagte der Doktor.
„Doktor", fuhr Barowitz in gequältem Tonfall fort, „ich habe jahrelange Erfahrung bei Gericht mit einigen der führendsten Gerichtsmedizinern der Welt. Daher hoffe ich, daß Sie nicht mit diesen absurden Annahmen und Vermutungen fortfahren wollen. Sie stellen Behauptungen auf, die nur nach einer vollständigen Autopsie durch einen kompetenten Pathologen entschieden werden können."
Der Arzt würdigte Barowitz keines Blickes.
„Wenn eine Kugel einen Lebenden trifft, blutet er", fuhr er fort. „Aber nach dem Tod stellt der Körper seine Funktionen ein. Das Herz hört auf zu schlagen, in Venen und Arterien fließt kein Blut mehr. Das Gewebe stirbt ab, und, wenn ein Mensch eine Zeitlang tot ist, kann er nicht mehr bluten. Bei dem alten Mann haben zwei Einschüsse, von kleineren, leichteren Geschossen, keinerlei Blutung mehr verursacht. Weder innerlich noch äußerlich. Und das beweist, daß er bereits eine gewisse Zeit tot war, als sie auf ihn abgefeuert wurden."

„Mr. Hondurak!" Barowitz trat an den Schreibtisch vor. „Gewiß sehen Sie mit Ihrer Erfahrung als Richter ein, wie peinlich es für Sie werden kann, ein derartig inkompetentes, unzulässiges und überhebliches Gutachten bei Gericht vorzulegen. Daher rate ich dringend, Sir, die gesamte Aussage des Doktors aus dem Protokoll zu streichen. Um uns weitere Ungelegenheiten zu ersparen, sollten wir ihm auch nicht länger zuhören müssen."
„Sie finden also", entgegnete Hondurak vage, „daß er, weil er kein Pathologe, sondern nur praktischer Arzt ist, von diesen Dingen nichts versteht?"
„Ganz richtig, Sir. Ich bin froh, daß Sie meine Ansicht teilen."
„Nun..." Hondurak blickte zur Decke. „Ich glaube nicht, daß ich da ganz Ihrer Ansicht bin. Doc, haben Sie sonst noch etwas zu sagen?"
„Nicht viel."
Barowitz mischte sich ein, seine Stimme klang honigsüß. „Niemand hat was dagegen, wenn der Doktor mit seinem Unsinn fortfährt. Aber, um uns Ungelegenheiten zu ersparen, Sir, sollte es nicht ins Untersuchungs-Protokoll aufgenommen werden."
Sonja sah von ihrer Maschine auf, aber Hondurak sagte nur: „Oh, nehmen Sie's ruhig auf, Sonja. So leicht bekomme ich keine Ungelegenheiten."
Der Arzt wühlte zwischen den Instrumenten in seiner Tasche herum, fand endlich, was er suchte und streckte es Hondurak hin. „Das habe ich aus der Wunde in Mr. Madecs rechtem Handgelenk herausgeholt."
„Was ist das?" wollte der Sheriff wissen und kam rüber, um sich das, was der Arzt in der Hand hielt, anzusehen. „Eine Schrotkugel!" entfuhr es ihm.
„Stimmt", sagte Ben. „Das war meine Schleuder-Munition."
„Natürlich", höhnte Barowitz. „Die nicht-vorhandene Schleuder. Euer Ehren, ich sage das ungern, aber finden Sie nicht auch, daß hier ein heimliches Einverständnis zwischen dem Arzt und dem Angeklagten vorliegt? Ein Arzt kann alle möglichen Objekte vor-

weisen und dann behaupten, sie aus der Wunde des Opfers geholt zu haben."

„Wenn es sich hier um eine heimliche Absprache handelt", meinte der Arzt „ist auch Emma Williams daran beteiligt. Ihr ist das Ding zuerst aufgefallen. Ich habe es nur herausgeholt."

Hondurak streckte die Hand nach der Schrotkugel aus. „Wie erklären Sie sich das, Ham?"

„Tja, ich weiß nicht", sagte der Sheriff. „Ben sagt, er hätte ihn nur mit der Schleuder getroffen. Und wenn die Kugel noch in Madecs Handgelenk steckte, konnte sie keine große Durchschlagskraft gehabt haben."

„Steckte sie in seinem Handgelenk, Doktor?" erkundigte sich Hondurak. „Und lag nicht irgendwo herum?"

„Sie hatte sich in die Sehnen von Mr. Madecs Handgelenk eingegraben. Seine anderen Wunden stammten ebenfalls von weichen Bleigeschossen, nicht von Kugeln mit Messinghülsen, wie die, die man mir gezeigt hat. Denn alle seine Wunden weisen Bleispuren auf."

Barowitz drängte sich grob an dem Arzt vorbei, um Hondurak gegenüberzutreten. „Einspruch, Euer Ehren! Sie dürfen diesen Mann nicht mit seinen erdachten Vermutungen, was Waffe und Munition betrifft, fortfahren lassen. Alles, was er bisher vorweisen konnte, war eine gewöhnliche Schrotkugel, wie man sie in jeder Kaufhalle bekommt."

Unterdessen hatte der Arzt wieder in seinen großen Taschen gegraben.

Zuerst hielt Ben es für eins seiner chirurgischen Instrumente, das metallisch im Licht schimmerte. Dann erkannte er die Gummischläuche, die kleine Lederschlaufe.

Der Arzt tippte Barowitz mit dem Griff der Schleuder auf den Rücken. „Und das hier..."

Ohne sich umzudrehen, erklärte Barowitz: „In Ihrem eigenen Interesse, Sir, sollten Sie das alles aus dem Protokoll streichen."

Der Sheriff griff nach der Schleuder. „Woher haben Sie denn das, Doc?"

„Aus dem Abfalleimer. In der Unfallstation. Ich sah, wie Madec etwas wegwarf, als er reinkam. Und als ich die Schußwunde untersuchte, machte ich mir meine Gedanken", sagte der Arzt.

Endlich drehte sich Barowitz um. Er warf einen flüchtigen Blick auf die Schleuder, sah dann die ganzen Augenpaare, die auf ihn geheftet waren.

Lange herrschte im Raum Totenstille. Schließlich sagte Hondurak: „Les, Sie und Denny sollten morgen früh noch einmal rüber in die Wüste fliegen. Seht zu, ob Ihr was in dem Tunnel da findet: Vogelknochen, vielleicht eine Eidechsenhaut..."

Barowitz' Stimme tönte ganz mechanisch. „Ich habe bereits dargelegt, daß Vogelskelette noch nichts beweisen."

Niemand hörte ihm mehr zu, als Hondurak fortfuhr: „... vielleicht hat Ben auch Blutspuren in dem Kaminschlot hinterlassen. Anders könnte es ja nicht dorthin gekommen sein."

Les schien überhaupt nicht zuzuhören. Er hielt die Beine weit von sich gestreckt und sah stirnrunzelnd zu Boden. Schließlich hob er den Blick. „Ich könnte mich wohin beißen", sagte er dann zu Ben. „Ben, es tut mir leid. Entschuldige. Ich könnte mich ohrfeigen...

Richter, als ich mich neben dem Jeep mit Madec unterhielt, konnte Ben gar nicht seine Hornet mit in die Berge oder sonst wohin genommen haben. Gerade fällt mir ein, daß ich Bens alte Flinte im Futteral an der Windschutzscheibe vom Jeep gesehen habe."

„Ham, es ist wohl besser, wenn wir Mr. Madec unten durch den diensthabenden Hilfssheriff bewachen lassen", wandte sich Hondurak an den Sheriff.

„Glauben Sie bloß keine Minute lang, daß das das Ende ist!" rief Barowitz mit bebender Stimme.

„Das glaube ich auch nicht, Mr. Barowitz", entgegnete Hondurak sanft.

Barowitz schnellte herum. Die zwei Anwälte marschierten aus dem Zimmer, und ihre Aktenmappen schwangen im Gleichtakt hin und her. Niemand sagte etwas. Keiner hatte auch nur einen Blick für Ben. Sein Onkel starrte gegen die Decke, und Les zupfte an

einem losen Faden in seiner Hose. Denny studierte den Fußboden, und Sonja stülpte die Schutzhülle über ihre Stenographiermaschine. Strick kratzte mit dem Fingernagel etwas von seinem Pistolengriff, der Sheriff zeigte dem Arzt, wie man die Schleuder hielt, und Hondurak schob ein paar Papiere zu einem Stapel zusammen. Und dann endlich hob Hondurak den Blick und sah Ben an.
„Verstehst du, Ben, ich konnte einfach nicht glauben, daß ein Mensch so etwas einem anderen zufügen kann, was er getan hat. Ich konnte es mir einfach nicht vorstellen, Ben."
„Ich auch nicht", sagte Ben.
Hondurak blickte sich unschlüssig im Zimmer um. „Wir müssen gegen Madec Klage erheben... wegen schwerer Körperverletzung?..." Er sah Ben an.
„Er wollte dich doch umbringen, nicht wahr, Ben?
Er hat auf dich geschossen. Willst du gegen ihn als Zeuge auftreten, wegen beabsichtigten Mordes und Körperverletzung mit einer tödlichen Waffe?"
„Nein", sagte Ben. „Ich bin doch nur hergekommen, um einen Unfall zu melden."

ECHT STARK...KRR...SUPER...
LESEFUTTER FÜR LESERATTEN!

Lesefutter

Abenteuer – Krimis ...
Erlebnisse – Science fiction ...
Unglaubliches –
Unvorstellbares ...
Lesefutter bringt's!

Kennst Du schon die neue Reihe für alle unersättlichen Leseratten?

Bisher sind lieferbar:

John Bellairs, **Der Schatz des Mister Winterborn**
T. R. Burch, **Ein Kopf am Fenster**
Robb White, **Flucht durch die Wüste**
Angus MacVicar, **Der Mann im Eis**
Karl Friedrich Kenz, **Wenn der Wolf kommt ...**
Richard Davis, **Der Drachengott**
T. R. Burch, **Die verlorene Brillantkette**

Weitere Bände folgen, jeder hat über 100 Seiten und ist für Jungen und Mädchen ab 10 Jahren geeignet.

**Fragt in Eurer Buchhandlung –
dort zeigt man Euch diese
Bücher gern!**

**FRANCKH
KOSMOS**
Verlagsgruppe